ALAN SPADONE

E SE VOCÊ NÃO TIVESSE MEDO?

COMECE DO ZERO, SEM DINHEIRO NO BOLSO, E CONQUISTE O SUCESSO COM GARRA E DETERMINAÇÃO

Diretora
Rosely Boschini
Gerente Editorial
Rosângela de Araujo Pinheiro Barbosa
Editora
Tainã Bispo
Editora Assistente
Audrya Oliveira
Controle de Produção
Fábio Esteves
Supervisão editorial externa
texx.to comunicação
Preparação
Fernanda Guerriero Antunes
Projeto gráfico e capa
Giovanna Côco, Marcella Fonseca e Raquel Prado
Foto de capa
Aline Portugal
Diagramação
Vanessa Lima
Revisão
Mariane Genaro
Impressão
Gráfica Rettec

Rua Original, 141/143
São Paulo, SP – CEP 05435-050
Telefone: (11) 3670-2500
Site: http://www.editoragente.com.br E-mail: gente@editoragente.com.br

CARO LEITOR,
Queremos saber sua opinião sobre nossos livros. Após a leitura, curta-nos no facebook.com/editoragentebr, siga-nos no Twitter @EditoraGente, no Instagram @editoragente e visite-nos no site www.editoragente.com.br. Cadastre-se e contribua com sugestões, críticas ou elogios. Boa leitura!

Dados Internacionais de Catálogo na Publicação (CIP)
Angélica Ilacqua CRB-8/7057

Spadone, Alan
E se você não tivesse medo?: como começar do zero, sem dinheiro no bolso, e conquistar o sucesso com garra e determinação / Alan Spadone. – São Paulo : Editora Gente, 2020.
160 p.

ISBN 978-65-5544-001-0

1. Sucesso 2. Sucesso nos negócios 3. Empreendedorismo I. Título

20-1574 CDD 158.1

Índices para catálogo sistemático:
1. Sucesso e produtividade

DEDICATÓRIA

ste livro é a realização de um sonho muito antigo. Um sonho de menino. E ele só se tornou realidade graças a um grupo maravilhoso de pessoas que fazem parte da minha vida.

Em primeiro lugar, minha esposa – minha amiga, parceira e mentora –, que me incentivou a viver essa "aventura" do empreendedorismo e que abraçou os riscos comigo.

Minha equipe – colaboradores e amigos –, que acreditaram no meu propósito e estão ao meu lado na luta por transformar a vida das pessoas.

A Família AS, pessoas que já fizeram cursos comigo direta ou indiretamente (pela internet) no Brasil e no mundo, que me acompanharam nas redes sociais e que se tornaram multiplicadoras da nossa filosofia de trabalho e de vida.

Por fim, dedico este livro a você: coloque em prática o que lerá neste livro e vai descobrir quem você é e que vida extraordinária você pode ter.

Muito obrigado a todos!

SUMÁRIO

SÓ FUNCIONA PARA QUEM USAR

INTRODUÇÃO →

ste livro é sobre minhas histórias, experiências e emoções. Meus erros e acertos. Minha vontade de vencer numa área pela qual me apaixonei. O meu desejo é compartilhar essa jornada com você, e espero que a cumplicidade entre nós faça com que você se junte a mim e a tantas que, hoje, dividem comigo a maravilhosa sensação do sucesso, de conquista, de realização, de um propósito atingido e compartilhado. Essa é a maior de todas as minhas vontades.

Nestas páginas, você vai encontrar as experiências de um publicitário. De alguém que dará a você muitas ideias e que, depois, ajudará a transformá-las em ação. Porque acertando, errando, caindo e levantando eu me tornei um empreendedor (graças a Deus) bem-sucedido. Agora, é a sua vez.

Uma ideia – boa, ruim ou mais ou menos – pode ser o seu céu, mas também pode ser o seu inferno. A grande diferença, como diz a velha sabedoria do empreendedorismo, é o que você faz com ela. Você pode tratá-la como uma joia rara e escondê-la tanto que, após um tempo, nem mesmo você saberá onde a guardou (ou seja, não compartilha seu projeto com ninguém por medo de roubarem sua ideia). Pode mimá-la como uma mãe superprotetora, esperando que ela fique grande e forte o suficiente para só então ensinar a dar os primeiros passos sozinha no mundo – e vai perceber que tanta proteção a deixou frágil e atrofiada (isto é, fica sempre esperando um avanço técnico, uma decisão do governo, uma melhora da economia, uma desculpa qualquer antes de botar a coisa em prática). Pode alimentar sua ideia com doses infinitas de números, dados, pesquisas e sabe-se lá mais o que até, de tão pesada, ela não sair do lugar (costumamos fazer isso – exagerar na formatação dos nossos projetos – por insegurança ou perfeccionismo, os quais, aliás, são primos na família das maluquices humanas). Ou você pode, ainda, fechar os olhos para as variáveis e os riscos (que todo negócio tem) e se jogar na base do "seja o que Deus quiser", com uma bela chance de quebrar seu lindo narizinho no primeiro obstáculo.

Eu convivo muito com esse universo das ideias desde pelo menos os meus 17 anos, quando comecei a trabalhar numa agência de publicidade. E, muito mais do que boas ideias, todas as pessoas que eu vi obterem sucesso na vida tinham uma característica em comum: a coragem de colocar as ideias em prática. Ao longo dos próximos capítulos, você vai perceber que ter coragem não quer dizer não ter medo. Significa ter medo, sim, porque isso é natural. Alguém corajoso não deixa que o medo o impeça de seguir em frente (e isso é muito diferente de tomar uma decisão inconsequente – como no último exemplo do parágrafo anterior –, o que pode provocar em você uma fratura nasal).

O título deste livro é uma provocação. É praticamente impossível não termos medo do desconhecido, daquilo que nos tira da zona de conforto. Dane-se o medo! Ele não é muito mais do que adrenalina em excesso na hora errada. Dê um gelo nele e bola para a frente.

Um ótimo conselho que posso dar a você para alcançar esse autocontrole é aumentar seu repertório de informações, o que só se consegue lendo, pesquisando, estudando, se informando, conversando. Assim, as boas ideias vêm à cabeça. Outra dica importante: coloque no papel as que mais agradam você – um pequeno gesto de valor simbólico e psicológico, como se você as trouxesse para a luz e começasse a torná-las concretas.

Antes de continuar, porém, tenho outra provocação a fazer: você só vai prosseguir nesta leitura se fizer um acordo comigo. Mais que um acordo, um compromisso. E logo entenderá por quê. Você NÃO pode falar nada sobre este livro a ninguém até terminar de lê-lo inteirinho, até a última página. Nem falar, nem mostrar, nem desenhar...

Sabe por quê? É que sonhos e projetos nós temos aos montes. Todo mundo tem. No entanto, geralmente nada disso sai do terreno das ideias. Não seguimos em frente e não colocamos em prática nossos planos porque temos medo da rejeição, do que os outros vão falar; medo de que achem, no fim das contas, que nosso sonho não era tão bom assim e que fizemos papel de bobo. Receamos falhar na execução e, então, virar motivo de piada, crítica ou pena. Nosso orgulho besta prefere achar que somos geniais apenas dentro de nossa cabeça – mesmo que a gente nunca saia do lugar.

Se contar àqueles ao seu redor que o conteúdo que está lendo tem o objetivo de fazê-lo virar a mesa, eles vão tentar (como sempre) jogar você para baixo, a desmotivar e a paralisar usando a sua própria fraqueza: seu orgulho travestido de medo. "Você endoidou? Você tem família, tem filhos; está sem dinheiro. Como vai se meter num negócio desse?", dirão, amarrando uma âncora no seu pescoço.

Não estou dizendo que as pessoas fazem isso porque são invejosas e más. Em geral, é o contrário. Muitas vezes, quem amamos e que nos amam nos aconselham de forma equivocada por amor. Estão preocupadas conosco e também têm medo do que é novo, por isso não dá para escolher: "Para esse eu não posso contar. Já para aquele eu posso".

Além disso, você sabia que nós mesmos somos sabotadores dos nossos sonhos?

Hoje, eu me considero bem-sucedido por vários motivos. O primeiro deles é que tive ideias: algumas boas; outras nem tanto. E só tem ideias aqueles cujo repertório de informação é vasto. (Imagine que em nosso cérebro há uma caixinha, que acessamos para buscar conteúdo diversificado – a partir do qual surgem as ideias.) O segundo motivo é que parei de consumir esse conteúdo quando tive ideias e parti para a prática. Entrei, então, no campo da execução.

No universo empreendedor, ouvimos a seguinte máxima: "O feito é melhor do que o perfeito". Isso quer dizer que em algum momento precisamos parar de ficar só viajando na maionese para, realmente, pôr a mão na massa. Caso contrário, vamos ter uma mente brilhante, entupida de planos, mas frustrada por não conseguir botar nada disso para fora.

Eu sei que colocar um projeto em execução não é fácil, e aprendi na marra que a chave para dar a partida no motor que pode mudar nossa vida se esconde em nossa mente e nos mecanismos que ela cria para deixar tudo como está.

A vida de todos nós é muito atarefada. Estamos sempre ocupados, correndo atrás do tempo. No fim de todo santo dia, temos a sensação de que deixamos de fazer várias coisas necessárias e importantes. Bate um sentimento de culpa, que rapidamente é anulado quando dizemos: "Hoje não tive tempo. Amanhã eu dou um gás nisso". E, assim, vamos nos conformando, esquecendo que todo mundo que está à nossa volta tem exatamente as mesmas 24 horas para dar conta de mil coisas. Inclusive, os empreendedores. O dia a dia deles também é corrido, repleto de compromissos, obrigações profissionais e pessoais. Eles também têm de levar os filhos à escola, botar comida em casa, cuidar da saúde. No entanto, fizeram algo, construíram algo. Alguns, inclusive, tocam vários negócios ao mesmo tempo (conheço gente que tem mais de trinta empresas). Falta de tempo, portanto, não é desculpa.

Além desse compromisso que você vai firmar comigo, é fundamental se comprometer publicamente.

Você não precisa ter milhares de seguidores no Instagram e anunciar lá que no dia tal finalmente vai dar um passo importante em sua vida: seguir seu propósito e ir atrás de seu sonho (embora isso tenha funcionado para mim). Se não quiser ter como ferramenta a sua rede social digital, faça uso de sua rede social física. Fale para seu marido, sua esposa, seu irmão ou amigo. Anuncie que você vai mudar sua vida. Diga que não pode dar mais detalhes, mas que seguirá seu coração a partir de determinada data. Peça a essa pessoa que cobre você por essa decisão. Ela vai achar esquisito, mas ficará feliz de poder ajudar.

Um tempo atrás, eu e minha equipe criamos um dermocosmético para tratar estrias – mas a verdade é que as pessoas não acreditam que há tratamento para estrias. Além disso, há um longo histórico de produtos que prometem milagres, mas não fazem nada. Esse mercado, portanto, é muito difícil, e antes mesmo de iniciarmos as vendas já começamos a enfrentar dificuldades, a ouvir "não" seguidas vezes.

Acontece que realizamos vários testes de eficácia, e o nosso antiestrias foi aprovado em todos. Ele realmente funciona. Resolvemos criar, então, o seguinte slogan: "Só funciona para quem usar".

É isso que quero deixar como mensagem inicial ao leitor. Aqui, você vai encontrar muitas ideias e dicas de execução, as quais, porém, só vão funcionar para quem fizer uso delas. Para quem estiver disposto a fazer o exercício, a lição de casa, e estiver determinado a pensar, a planejar, a dar o salto de coragem. A executar.

Falta de tempo não é desculpa.

CONTRATO DE CUMPLICIDADE

Nestas páginas, você pode achar que o que eu digo é estranho ou até maluco. Saiba que tudo o que relato faz parte das minhas experiências durante a minha trajetória de sucesso. Você vai perceber que um dos pontos-chave que fazem a diferença entre a inércia e a coragem de realizar seu sonho são as pessoas ao seu redor. Elas podem ser tanto uma grande mola motivadora que o joga para cima (raríssimas) quanto uma pesada âncora que o arrasta para baixo, prendendo-o no mesmo lugar (a grande maioria). Não que façam isso por maldade ou inveja, pelo contrário. Muitas vezes, essa é uma atitude de amor e proteção, pois não querem que corramos riscos e nos machuquemos.

Costumo dizer que somos conectados por elásticos invisíveis, num jogo de forças que nos empurra e puxa o tempo todo, pois a vida de um impacta na do outro positiva ou negativamente. Quando estudamos, nos preparamos e nos desenvolvemos, começamos a nos distanciar dos demais, tensionando esses elásticos. Se os nossos elásticos tiverem rachaduras, fissuras, é aí que arrebentam e podem nos espatifar. E o que produz essas rachaduras? Erros estratégicos que cometemos por ingenuidade, falta de informação ou até por excesso de entusiasmo – como sair alardeando nossos projetos sem termos ainda nada de concreto para mostrar. Sem resultados, as vozes contrárias ficam mais fortes, as supostas barreiras e dificuldades que saem da boca dos outros ganham um volume desproporcional, e a chance de nosso projeto virar pó torna-se cada vez maior.

Com este livro, vou compartilhar experiências, segredos e estratégias muito pessoais e vitoriosas; por isso, quero que você trate essas informações como um verdadeiro tesouro. Para ter direito a esse tesouro (desculpe a falta de modéstia, mas é o que representa para mim, de verdade), quero firmar com você um pacto, um contrato de cumplicidade que vai deixar seus elásticos indestrutíveis.

Guarde esses segredos para você, sem revelá-los a ninguém, até ler a última palavra que deixei registrada aqui. Assim, ninguém encontrará brechas para te assustar, te desmotivar, te desviar do seu caminho do sucesso.

A capacidade de assumir um compromisso e cumpri-lo até o fim vale tanto para as pequenas coisas do dia a dia quanto para as grandes questões da vida. A pessoa do tipo "depois eu faço" ou aquela que se cansa no meio do caminho agirá assim em todos os setores da vida. Ao assinar este contrato, você está assumindo um valioso compromisso consigo mesmo, e não comigo. Tenha em mente, então, que é você que quer e precisa transformar sua vida em nome da sua felicidade e daqueles que ama.

Bora assinar?

Eu, ____ (seu nome), comprometo-me a não revelar nenhum detalhe deste livro a ninguém até terminar de lê-lo. Resistirei à tentação até colocar os ensinamentos em prática e conquistar os primeiros resultados na transformação da minha vida.

Data: ____/____/_______

O TAL DO PROPÓSITO

CAPÍTULO 1 →

O sonho do meu pai era que eu, seu filho único, fosse engenheiro elétrico. Por ter tido a oportunidade de estudar apenas até o antigo colegial técnico, para ele (e para muitas pessoas de sua geração), ver um filho cursar uma faculdade de Engenharia era sinônimo de sucesso, de vitória. E então, a fim de me preparar para a vida recheada de cálculos e números que eu teria de enfrentar no futuro, meu pai me matriculou numa escola técnica. Beleza. Zerei em praticamente todas as matérias.

Não era aquilo que eu queria. Nunca tive aptidão para trabalhar naquela área. A escola técnica simplesmente não funcionou para mim.

Ele quis que eu me tornasse algo que, em sua visão, significava triunfo. Não me colocou no colégio técnico em Elétrica porque queria meu mal, porque queria me ver infeliz. E minhas notas baixas também não eram fruto de incompetência. É que eu senti, logo de cara, que aquilo não era para mim.

Saí daquele colégio, que era particular, e fui para um público. Não dava para meu pai ficar bancando meus estudos, sendo que tudo apontava para fiasco atrás de fiasco no fim do ano. Concluí que teria de trabalhar para pagar minhas contas e, durante esse processo de "libertação", descobrir o que eu queria fazer e do que gostava de fato.

Arrumei um emprego como office boy em uma farmácia de manipulação perto de casa. O dono dela era Maurizio Pupo, atualmente o maior cosmetólogo do Brasil, proprietário da Consulfarma – e que, com essas voltas malucas e imprevisíveis que a vida dá, hoje é um dos meus fornecedores.

Algum tempo depois, fiquei sabendo que uma vaga de digitador tinha sido aberta na empresa e pedi para trocar de função, pelo mesmo salário de boy. Toparam.

A partir de então, eu passava o dia digitando documentos e fazendo backup deles em *zip drives*, uma tecnologia revolucionária para a época e que havia aposentado os disquetes flexíveis por causa de sua capacidade superior de armazenamento.

Propósito é um sentimento, uma consciência que brota ao longo da construção da nossa carreira, da nossa trajetória.

No entanto, o que eu gostava mesmo era daquela coisa do *brainstorming* que rolava no departamento: jogar uma ideia no ar e ver no que dava, depois de muito debate, muitos palpites, pirações, abobrinhas e diferentes pontos de vista. Logo nas primeiras reuniões desse tipo, eu pensei: *Hum, interessante essa doideira. Talvez esse seja um caminho para mim – trabalhar com algo que envolva ideias, debates, criatividade*. Eu via meus colegas dialogando, misturando e esticando ideias, e também queria viver aquilo. Lembro-me do pessoal do departamento fazendo briefings, escrevendo no *flip chart* (um tipo de quadro com folhas de papel, usado em apresentações), jogando ideias bizarras (ou não) no ar, brincando... e esse era um universo que me seduzia.

Até aquele ponto, eu não sabia exatamente o que queria fazer "quando crescesse", mas sabia o que não queria. Definitivamente, não morria de amores pela engenharia. Só isso já era uma informação valiosíssima. Se não está claro o que almejamos, ao menos devemos ter a certeza de quais coisas não desejamos para nós – e eliminá-las de nossa vida.

Na farmácia, pude constatar que meu talento, meu propósito, embora não muito definido ainda naquele momento, estava em um lugar em que as pessoas pudessem expor ideias, em um local onde a criatividade fervilhava. Vi que meu coração batia mais forte quando lidava com cores e formas, com aquela coisa de testar e arriscar. Juntei tudo isso e decidi cursar Marketing na Universidade Paulista (Unip).

Ao longo da minha carreira profissional, trombei com muita gente de autoestima baixa e que não tinha um propósito na vida – ou que procurava o danado nos lugares errados, sem encontrar. Pessoas frustradas, pois ansiavam por acordar um dia sabendo, como num passe de mágica, o que as movia, qual era sua grande paixão e missão – e isso, afinal, não funciona para 99,999999% dos indivíduos. Esse sentimento de frustração as fazia acreditar que não tinham talento ou dom algum nem uma missão neste planeta. Resultado: autoestima no terceiro subsolo – e descendo. Tudo por causa dessa crença disseminada e infantil de que um dia a gente acorda e... TCHARAM... nosso propósito aparece escrito em letras garrafais na nossa testa.

Propósito não é um sopro divino que vai surgir do nada. Pouquíssima gente no mundo nasceu sabendo o que queria fazer da vida (e fez) –, e menos felizardos tiveram esse momento de epifania depois de adultos.

Eu não demorei para entender, não sem certa dose de "sofrência", que propósito é um sentimento, uma consciência que brota ao longo da construção da nossa carreira, da nossa trajetória. É óbvio que precisamos de dinheiro para sobreviver e pagar nossas contas, nossos prazeres e até luxos, mas, quando o encontramos de fato, não é esse o fim. Não é esse o propósito de ninguém. Se eu ficasse bilionário agora, continuaria querendo fazer o que eu faço. É o que me move.

E olha só a importância de as coisas se encaixarem. De aluno nota zero, eu passei a ser o melhor da classe na Unip. Quando você encontra seu propósito, o resto – seja o empenho, seja o dinheiro – vem naturalmente.

Se, por um lado, o bendito do propósito não aparece de repente num raio de sol, entrando pela janela numa linda manhã de primavera, por outro, é importante ficar atento a algumas pistas e dar uma ajudinha para o destino.

Lembra que eu falei como é importante saber o que você não quer? Então: a primeira coisa é colocar num papel tudo de que não gosta e tudo que não quer. Depois, comece a pensar naquilo que te move, que faz ou poderia fazer você sair da cama pela manhã. No começo pode parecer bem estranho e difícil, mas pratique isso todo dia, nem que seja por poucos minutos (só não vale buscar dinheiro pelo dinheiro, sem conexão com nenhum propósito, porque isso tem tudo para não dar em nada).

Um propósito consistente deve se apoiar em um tripé, o qual é preciso preencher completamente. Em um dos pés, coloque aquilo que você tenha muito tesão em fazer. No segundo, algo que dê dinheiro o suficiente para proporcionar a você a vida que quer e merece. No terceiro, a resposta para a pergunta: "Como isso que me dá tesão e que pode me dar dinheiro pode ajudar outras pessoas?".

O leitor já deve ter sacado que, na realidade, não vai **descobrir** seu propósito. Você vai **desenvolvê-lo**.

Uma armadilha, no entanto, é capaz de dar uma rasteira e derrubar esse tripé, por mais sólido e estável que ele pareça. E essa armadilha é a segunda opção.

What?

Isso mesmo, a segunda opção. É aquela alternativa de vida, de carreira, de negócio que você guarda na bolsa para emergências, caso a primeira opção dê merda. Tipo: "Se isso der errado, vou trabalhar com meu pai". Ou, então: "Se esse meu novo projeto não for para a frente, volto para o meu emprego anterior".

Esse pensamento, tranquilizador a princípio, pode se transformar numa muleta para a qual você corre no primeiro buraquinho que encontrar: um problema financeiro ou técnico, a dificuldade de conquistar clientes... Até o momento que não consegue mais andar sem ela. Quando um buraco (uma dificuldade) um pouquinho maior surgir no caminho – e olha que a estrada do empreendedorismo é uma buraqueira só –, rapidinho você vai pensar em desistir do plano A, renunciando ao seu verdadeiro propósito. E vai achar que tudo bem, porque ficou o tempo todo justificando para si mesmo que esse era um trajeto perigoso e que a qualquer instante podia pegar um atalho.

Não quero dizer que, quando realmente entender o que gosta de fazer, quando souber uma maneira de ganhar dinheiro e descobrir como beneficiar os outros, esse seu propósito não possa mudar. Pode, e muitas vezes essa mudança é necessária e a coisa mais inteligente a fazer. Esse, porém, é outro momento de sua trajetória.

Quedas, dores, erros, fracassos e até traições, tudo isso pode – e vai, não vou mentir para você – fazer parte do processo. Por mais inacreditável que pareça, esses percalços farão bem a você. As dificuldades vão moldar seu talento, seu caráter e sua resiliência. As pedras do caminho vão te moldar, e elas o deixarão quase inquebrável.

No entanto, se você tiver uma segunda opção na manga, isso pode desviá-lo de seu objetivo. A tendência natural do ser humano – na verdade, de qualquer ser vivo – é optar por aquilo que entende como mais fácil, que consome menos energia e leva para a zona de conforto. É natural para a sobrevivência da espécie. Aqui, contudo, estamos falando de outra coisa. O nosso assunto é empreender, crescer e vencer.

Outro risco ("Outro, Alan? Caramba!", você pode exclamar) na busca de nosso propósito está nas redes sociais. Vivemos sob a influência das pessoas com as quais nos conectamos, sempre na expectativa de sermos aceitos por elas, de que nossas atitudes sejam validadas pelos demais. Antes das mídias digitais, talvez não tivéssemos a dimensão exata disso. Quem nos influenciava ou recebia nossa influência eram a nossa família, o nosso grupo de amigos, a vizinhança, quem estava mais próximo de nós. Hoje, com as redes sociais, isso se ampliou de forma planetária. Não apenas os indivíduos que nos cercam precisam aprovar nossas atitudes e nos apontar os caminhos, mas todos os que nos seguem e que nós seguimos, ou, pior, com os quais trombamos casualmente no mundo virtual e que pouco ou nada sabem sobre nossa luta, nosso caráter.

Para piorar mais um pouquinho ("Vai piorar, Alan? Credo!"), já está provado que as redes sociais criam a ilusão de que todo o universo é feliz e realizado, menos nós. Nesse mar de informações distorcidas, você pode estar sofrendo ao achar que milhares ou milhões dessas pessoas já encontraram seu propósito e fazem dele sua razão de viver. Menos você.

Vem comigo que eu vou te ajudar a não cair nessas armadilhas.

Nada de se frustrar com a impressão de que todos, menos você, entenderam o próprio propósito. Lembre-se de que as redes sociais não refletem a vida verdadeira de seus usuários; são apenas uma representação do que eles gostariam que fosse. Aquele sorriso que parece eterno, na verdade, durou uma fração de segundos. Ali estão as viagens, as conquistas, as coisas belas, mas não os perrengues, as dores, as frustrações, as burradas e os sacrifícios que todos sempre fazem.

Outra arapuca é acreditar que tal negócio, se deu certo para o fulano e para o sicrano, então, não tem como dar errado para você. Só que o propósito é um contrato de você consigo mesmo, lembra? Não há relação com a motivação ou a inspiração dos outros. É algo que você vai desenvolver dentro de si próprio.

Imagine alguém que, insatisfeito com o trabalho ou com a vida atual, sem saber o que quer fazer dela, está atrás do próprio propósito. Após pesquisar, depara-se com dezenas, talvez centenas de cursos de empreendedorismo. Num deles, um cara anda sobre brasas e diz que isso o ajudou a encontrar seu objetivo na vida; outro afirma que a resposta veio por intermédio da meditação. Ou, então, imagine-se vendo a foto de alguém correndo com seu lindo e peludo cachorro cor de caramelo na praia, com o pôr do sol ao fundo. Você acaba achando que aquele, sim, é exemplo de alguém feliz com seu propósito.

A resposta para sua busca, repito, não pode estar baseada nas respostas de outras pessoas – mesmo daquelas que você admira. É algo totalmente seu e que vai fazer, mais cedo ou mais tarde, muita gente também o admirar, até o ponto de dizerem: "Não consigo imaginar você fazendo outra coisa". Aliás, no momento que você começar a pensar isso a seu respeito, está bem perto do seu propósito.

Quando fui cursar Marketing, tive essa certeza – e ela ficou ainda maior ao começar a trabalhar com beleza; não me vejo fazendo outra coisa.

Portanto, se tenho um conselho básico e prático para o início da sua busca, é este: desligue-se das redes sociais. A felicidade que você vê lá é ilusória. Não se sinta diminuído ou frustrado por não ter a vida que imagina que os outros têm – porque aquela é a vida aparente deles, é o que querem que você (e até eles mesmos) pense que seja real. Se beltrano faz sucesso na área de decoração, paisagismo ou turismo internacional, ótimo para ele. Isso não significa que esse é o caminho para o seu sucesso. Cada um tem e constrói a sua história no próprio tempo e ritmo.

Propósito não se descobre; propósito se desenvolve.

Gosto muito de um coach brasileiro que mora nos Estados Unidos, o Tiago Brunet, que diz que é preciso entender bem os conceitos de "visão" e "missão" para definir um propósito. Ele tem uma forma moderna de abordar esses conceitos, os quais, muitas vezes, não passavam de meras placas na parede das empresas.

Como Brunet explica em seu livro *12 dias para atualizar sua vida*, visão é o futuro, é como você se enxerga em dez ou vinte anos. Mais importante do que compreender sua visão é ser treinado para ela. É colocar seus esforços no sentido de alcançá-la. Além de treinamento, é preciso especialização. Ter clareza disso, segundo Brunet, é o ponto inicial para qualquer coisa que você pretenda fazer: "A visão aponta o destino e, com isso, é claro, podemos agora pôr a nossa energia no cumprimento da missão"[1].

Já a missão, nesse sentido mais atualizado, "é o próximo passo, aquilo que você deve fazer diariamente para que o futuro chegue no prazo determinado"[2], define ele. Isso porque o futuro, aquele idealizado pela visão da pessoa, já chegou para muitos sem que eles se dessem conta disso. Com o destino claro, o que você precisa fazer é percorrer o caminho até lá. "Esse percurso é a nossa missão. Sem visão, uma missão perde o sentido"[3], diz o coach.

Brunet afirma que propósito é aquela ideia que, independentemente do projeto ou da fase de vida em que a pessoa esteja, domina o coração. "Uma ideia que é o centro de todas as outras ideias da sua vida."[4]

Acho importante colocar no papel os conceitos e seus significados para conseguirmos pensar melhor a respeito deles. Sobre

---

1 BRUNET, Tiago. *12 dias para atualizar sua vida*. São Paulo: Vida, 2017. p. 105.

2 *Ibidem*.

3 Idem, p. 105-106.

4 Idem, p. 43.

a visão, que é onde quero estar em dez ou vinte anos, quanto mais detalhes tivermos, melhor: em que lugar vamos morar, como será nossa família, qual será nossa condição financeira... Com a visão registrada, é mais simples determinarmos nossa missão.

Outra coisa bem interessante que Brunet diz é o seguinte: para que isso tudo faça sentido, é preciso entender quem eu sou. Sou o jogador ou treinador? Se sei que sou o Tite, não fico mal ou com inveja quando vejo o Neymar marcando gol, porque isso não está relacionado com meu propósito, que é ser treinador.

Depois de entender sua visão e sua missão e após descobrir qual é o seu papel, é necessário ter claro que para cumprir seu propósito você vai ter de dizer mais "não" do que "sim". Isso porque é essencial concordar com coisas que vão trazer você para perto do seu propósito e aceitá-las. Às vezes, recebemos propostas financeiras tentadoras, mas que vão nos afastar dele. A resposta, por mais dolorosa que seja naquele momento, é: "Nananinanão".

Brunet e eu compartilhamos a mesma opinião a respeito de propósito. Para mim, o propósito não é o cume da montanha nem o fim da estrada. Ele é o processo, é a jornada. O propósito, filosoficamente falando, é ir vivendo o propósito. Ele não é o ponto-final. É uma vírgula. Ou as reticências...

Propósito não é o cume da montanha nem o fim da estrada. Ele é o processo, é a jornada.

Essa conversa de propósito costuma dar nó na cabeça de muita gente, eu sei. Você mesmo ainda pode estar se perguntando: "Por que raios, afinal, ter um propósito é tão importante para o meu negócio?".

Respondo: se eu não conheço meu propósito, meus clientes e meus colaboradores vão saber menos ainda. E as pessoas só vão consumir o meu produto, seja ele qual for, quando enxergarem o que há por trás dele.

Os consumidores não compram mais seu produto ou serviço. Até meados dos anos 1980, as peças de marketing eram baseadas no produto; hoje, a emoção e a razão migraram do produto ou serviço para a causa e o conceito (de sustentabilidade, compartilhamento, solidariedade). E se 100% das compras são emocionais (usamos a razão apenas para justificar uma emoção), inteligente é aquele que embute um propósito ao seu negócio.

Ninguém acorda um dia e fala: “Descobri meu propósito”. Pensar que existe essa iluminação da noite para o dia é o caminho certo para a frustração. Propósito está totalmente conectado com aquilo que vai beneficiar você e o máximo de pessoas possível. Para isso, mantenha a mente, o coração e os olhos bem abertos. A descoberta virá no caminho – e será melhor ainda se isso pagar suas contas.

(Alan Spadone)

CORAGEM NÃO É AUSÊNCIA DE MEDO

CAPÍTULO 2 ⟶

Costumo dizer que sou a pessoa mais medrosa do mundo, mas também a mais corajosa – porque enfrento meus medos, não fujo da briga.

Todo mundo tem medo. O medo foi essencial para a sobrevivência humana ao longo de nossa evolução. Muitas espécies animais não estariam aqui se não tivessem desenvolvido esse mecanismo de proteção. O rato, por exemplo (se bem que muita gente preferia que ele não existisse), tem como primeiro instinto, quando sente a presença de um gato, ficar paralisado, como se estivesse morto. Essa reação física, comandada pelo medo de virar jantar, diminui o risco de ele ser percebido pelo felino, que costuma ser atraído pelo movimento. Se o gato chegar muito perto, nosso pequeno Mickey dá um pulo para trás, praticamente voando por uma distância algumas vezes maior do que o comprimento de seu corpo.

As respostas instintivas do rato são herança de milhões de anos tentando fugir do cardápio de seus predadores. Os que conseguiam sobreviver, "casar" e ter filhos passavam seus genes adiante – com as informações de sobrevivência gravadas no DNA. E, assim, essas criaturas se espalharam pela Terra.

Com os seres humanos foi a mesma coisa. As reações instintivas de sobrevivência foram sendo gravadas em nosso DNA ao longo de *muuuito* tempo. Estudos mostram que as reações que temos ao medo são disparadas e controladas pelo hipotálamo, uma região também primitiva do cérebro. Com o formato e o tamanho de uma azeitona, o hipotálamo age em conjunto com a amígdala, uma estrutura pequena, semelhante a uma amêndoa, localizada dentro da região anteroinferior do lobo temporal e fundamental para a autopreservação, já que ela é o centro identificador do perigo.

O salto do chamado homem das cavernas para o que somos hoje, do ponto de vista evolutivo, foi incrivelmente rápido e é absurdamente recente. O resultado disso é um choque entre nossos instintos (que ainda funcionam como os dos homens primitivos) e nosso atual modo de vida ultrarracional, tecnológico e mil vezes mais seguro (apesar de toda a violência urbana que vemos no noticiário). O medo foi uma das emoções responsáveis por chegarmos até aqui. O problema é que hoje ficou uma coisa meio torta: medo demais para perigos de menos. E o que surgiu para nos proteger acaba nos atrapalhando.

Atrapalha porque nos trava, impede nosso movimento. Quando esse sentimento nos paralisa em situações em que isso não deveria ocorrer – ao abrirmos mão de um compromisso importante ou ao deixarmos de buscar algo maior e melhor para nós, por exemplo –, devemos parar e prestar atenção. Um sinal de alerta deve ser acionado.

Se nosso medo for do "tamanho normal", aquele que a esmagadora maioria das pessoas tem e que não precisa de cuidados especiais (como ficar com os joelhos tremendo e a boca seca na hora de falar em público), basta seguir em frente. Se for exagerado, uma boa dica é procurar ajuda externa – um psicólogo, um hipnoterapeuta, um coach. A boa notícia é que os medos desproporcionalmente grandes podem ser "domesticados" até alcançarem um tamanho administrável.

Nessa hora, é sempre importante lembrar que coragem não é ausência de medo – até porque tudo indica que serão necessários mais uns milhões de anos para nos livrarmos dele como instinto (e ainda faltou falar que há outras fontes de medo em nós, além dessa herança ancestral). Coragem é agir apesar do medo.

O mesmo medo que você tem quando pensa em abrir um negócio eu senti antes de me lançar na minha vida de empreendedor. Talvez até mais. Porque eu não tinha dinheiro nem estabilidade financeira. Pelo contrário. Mesmo assim, me joguei em busca daquilo em que eu acreditava, sem nunca ter empreendido antes. Muita gente, talvez a maioria, não nasce empreendedora, não tem essa característica inata. E comigo foi assim também, mas, em um momento crucial da minha jornada, decidi que queria ser e fazer diferente. Tentei, então, reunir um arsenal de armas e ferramentas para que o medo que eu sentia fosse amenizado e administrável.

Por exemplo, estudar. Muitas vezes, o medo de termos nosso próprio negócio está relacionado aos riscos que corremos realmente ou àqueles que imaginamos que corremos. Ficamos inseguros para dar o passo seguinte. Uma das formas de mudarmos essa sensação de insegurança é nos munir de informações a respeito de tudo o que cerca aquilo que queremos iniciar; assim, começamos a separar o que é risco real do que é risco imaginário. O imaginário a gente descarta e pronto; o real a gente precisa se preparar para minimizar ou enfrentar.

Coragem não é ausência de medo. Coragem é agir apesar do medo.

Eu descobri, em certo momento da minha vida, que queria empreender no ramo da beleza. Então, fui atrás de pessoas que já tinham feito isso, procurei livros sobre o assunto, pesquisei e li matérias em sites e revistas. Fui conhecer a área, quem eram os clientes e o que esperar do mercado. Conversei muito com as pessoas que frequentavam o salão onde eu trabalhava, pois queria entender quais eram seus desejos.

Além disso, fui atrás de conhecimento sobre gestão empresarial, porque eu já sabia que muitas empresas não sobrevivem ao primeiro ano. E existem várias instituições em que a capacitação em gestão é oferecida de graça – olha que máximo! Depois de toda essa maratona, fiz meu planejamento estratégico. Só de saber que eu estava me preparando da melhor forma que podia, fiquei bem menos ansioso.

A partir daí, comecei a dizer que sou a pessoa mais medrosa do mundo, mas também a mais corajosa – porque enfrento meus medos, me preparo para a batalha, não fujo da briga. Quase sempre, venço. E você também pode vencer.

O mestre da oratória Reinaldo Polito já ajudou milhares de empresários, executivos, políticos e celebridades a enfrentar seus medos diante de uma plateia e das câmeras. Falar em público, aliás, é um dos temores mais comuns do mundo desde nossa infância. Quem na escola nunca disse: "Eu odeio ter que falar lá na frente"?

Para Polito, até mesmo os maiores oradores, os maiores apresentadores da TV e atores consagrados tremem na hora de "entrar em cena". Só não percebemos isso porque eles dominam técnicas para driblar o medo e seguir em frente. Em qualquer profissão, e também no empreendedorismo, saber falar em público é fundamental para se destacar e crescer (mestre Polito ensina vários truques de oratória em seus livros e cursos, os quais recomendo).

O medo de agir é um pouco diferente, mas, como já disse antes, também é "domável". Se você está pensando em empreender, as armas são autoconhecimento (para descobrir seus propósitos, talentos e vocações), conhecimento da área em que gostaria de crescer e se realizar profissionalmente, estudo (no início, quanto mais focado no seu objetivo, melhor) e pesquisa de mercado (demanda, concorrência, preços, legislação, tributação, pontos de atenção etc.).

No entanto, é bom eu já deixar avisado: você nunca terá tempo e dinheiro suficientes para fazer tudo isso bonitinho e deixar a casa toda brilhando antes de dar o *start*. Nem precisa. Vai ser mais ou menos assim: você vai dar uma grande festa, só que precisará decorar o salão e preparar os salgados e os doces com vários convidados lá dentro e outros chegando aos montes... Meio tenso, né? No entanto, essa é a graça de empreender. Cada passo, cada pequeno avanço no seu projeto de vida vai exigir uma boa dose de coragem, ousadia e jogo de cintura. Você vai ter de arriscar, e o segredo é correr riscos planejados. Nessa festa imaginária, se todos os ingredientes estiverem à sua disposição, se tiver a geladeira cheia e comprado os enfeites, no fim das contas, todo mundo vai se divertir. Principalmente você.

Eu contei a você que comecei a estudar o mercado da beleza quando decidi entrar nele. Passei a entender o que estava acontecendo e a falar com pessoas que obtiveram sucesso nessa área. Foi como se eu fizesse faculdade, pós e MBA, tudo junto. E ainda coloquei tudo isso em prática. Hoje, muitos ensinam o que fazer e como, sem terem passado por uma experiência real. Eu procurei gente que tinha tido não apenas sucessos, mas também fracassos, para que pudesse me orientar. Melhor não repetir os erros dos outros, não é verdade?

Nessa fase de preparação e diminuição dos riscos, entendi que o mais importante e eficiente é saber quem fez certo e quem fez errado (muitas vezes, trata-se da mesma pessoa). E tive muita sorte, porque alguns me mostraram com clareza o que fazer, como fazer e quando fazer.

Com base nesses valiosos ensinamentos, tomei a decisão de iniciar minha entrada triunfal na área da beleza (ok, no começo não foi tão triunfal assim, mas isso eu vou contar mais para a frente). Além de coragem (ou controle do medo) e conhecimento, eu já tinha condições de fazer projeções do que eu poderia me tornar dali em diante.

Mesmo com todas essas convicções formadas, porém, tive que encarar outro "inimigo" (pensou que era fácil?).

Senti, na prática, que coragem e determinação também são atacadas por aqueles que nos amam e querem o nosso bem: a família, os amigos, até mesmo o parceiro ou a parceira – como eu já alertei no nosso Contrato de Cumplicidade (mas quem avisa amigo é).

Muitas vezes, essas pessoas não vivem nem viveram em um ambiente empreendedor e, na tentativa de nos proteger, projetam seus medos em nós e naquilo que estamos prestes a criar. Elas não querem nosso mal, mas, sabendo disso, eu o aconselho a tomar cuidado com quem você compartilha seus projetos e sonhos. Além de saber com quem falar, é preciso saber com quem não falar.

Importante é acreditar. Se não há ninguém para ajudar você, jogue-se sozinho.

Talvez não reste ninguém à sua volta para dar o empurrão de que você precisa. Paciência. O importante é acreditar. Se não há ninguém para ajudar você, jogue-se sozinho.

Meu sonho, quando entrei na área de beleza, era ser maquiador das noivas. Até então, eu trabalhava como designer de sobrancelhas. Também caí na armadilha de ficar procurando situações no intuito de adiar a busca desse sonho, esperando o tal do momento ideal para fazer as coisas acontecerem. O design de sobrancelhas era a minha fonte de renda, mas, enquanto só colocasse energia nisso, nunca seria o maquiador de noivas que eu queria me tornar.

Essa travessia entre o "mundo real" e o "mundo ideal" é muito mais suave se for feita com equilíbrio. Se você tem um ofício, mas quer se dedicar a outro, não precisa "chutar o balde" e abandonar tudo de repente. Principalmente se tiver filhos para criar, prestações para pagar... Minha dica é: vá seguindo paralelamente pelos dois caminhos. Na prática, eu separei um dia da semana para não atender como designer, mas para treinar maquiagem. Ainda que não rendesse financeiramente o que eu queria e precisava, conseguia pouco a pouco me conectar com meu propósito.

A máxima das redes sociais é: você é o que você posta. Ou seja: se eu só postasse meus trabalhos como designer, que eram a minha rotina, nunca deixaria de ser uma coisa para me tornar outra. Comecei, então, a fazer *posts* sobre maquiagem até me posicionar como autoridade nesse assunto. Um dia, Flávia Fontes, a fotógrafa mais renomada de Jundiaí (interior de São Paulo) e que me acompanhava nas redes sociais, me mandou uma mensagem: "Alan, eu faço *books* de modelos, e tem uma modelo com quem vou trabalhar, a Bruna. Quero que você faça a maquiagem dela".

Flávia falou sobre cachê, disse que me buscaria, contou que faríamos o trabalho em um hotel-fazenda... Eu só deveria maquiar a modelo lá. A verdade, porém, é que eu ainda não sabia maquiar muito bem – menos ainda uma modelo para um *book* profissional. Eu tinha acabado de comprar um kit da Mary Kay de R$ 600,00 que tinha uma cor, um blush, o mínimo necessário. Na hora em que ela falou tudo aquilo, meu coração gelou. Era ele mostrando as garras: o medo.

Respirei fundo e pensei no benefício que aquela oportunidade poderia gerar para mim. E quando nossa recompensa está alinhada ao nosso propósito de vida, por mais que o medo venha, a coragem aparece em dose tripla. E ela veio para mim. Respondi: "Claro, sem problema, estarei lá. Quando vai ser?". Seria dali a três meses. E eu topei: "Fechado." *Meu Deus, e agora?,* pensei.

Comecei, então, a maquiar minha mãe em casa, a ver vídeos no YouTube, a dar meus pulos. Aquilo foi o melhor gatilho para que eu me mexesse com todo o ímpeto – eu sabia que tinha um prazo, e ele era curto.

Chegou o grande dia. Peguei meu kit, fui e fizemos um ensaio. Eu era um bom cabeleireiro e fiz um penteado bacana nela. Na hora de maquiar, dei um "truque": "Vamos usar uma maquiagem mais *nude* para valorizar a modelo". Colou. E a maquiagem, no fim, ficou linda. Só faltava um último detalhe: a máscara de cílios. Se eu borrasse (e a chance era grande), ia estragar tudo.

Por milagre, bem nessa hora a fotógrafa disse: "Gente, nosso horário está dando". Virei para a modelo e falei: "Bruna, para não perdermos tempo, vai passando a máscara de cílios aí que eu vou terminando aqui". Joguei o pepino para ela. Ela passou, deu tudo certo e o ensaio terminou. Minha carreira de maquiador, oficialmente, havia começado.

Vamos voltar o filme um pouquinho. Eu fiquei acordado a noite anterior, quase em pânico. Pensei um monte de coisas ruins que poderiam acontecer e arruinar meu projeto de vida. No entanto, o que me deu coragem para fechar com a fotógrafa em tão pouco tempo e correr atrás – me capacitar, investir, estudar e treinar – foi conseguir projetar o que aquilo iria gerar de retorno para mim no futuro.

Muita gente não tem a coragem necessária para determinada ação porque falta clareza do que aquela decisão pode proporcionar. Se você tem uma visão de onde pretende estar nos próximos dez anos e se sua missão é fazê-la se realizar, precisa entender o que quer de fato. Se isso estiver dentro do seu propósito, sua coragem será insuperável.

"A razão pela qual não colocamos a mão no fogo não é o medo, e sim a certeza de que vamos nos queimar. [...] A doença psicológica do medo não está presa a qualquer perigo imediato concreto e verdadeiro. [...] Esse tipo de medo psicológico é sempre de alguma coisa que poderá acontecer, não de alguma coisa que está acontecendo neste momento."

(Eckhart Tolle, *O poder do agora*, publicado pela Editora Sextante, em 2000)

COMO COMEÇAR MESMO SEM DINHEIRO?

CAPÍTULO 3 →

Recapitulando: eu era designer de sobrancelhas, com formação anterior em marketing, cujos conhecimentos usei para alavancar meu trabalho em design, na área de beleza. E virei designer. Como um propósito ia puxando o outro, um belo dia decidi ser micropigmentador, que seria uma evolução natural na minha carreira; assim, eu ganharia mais dinheiro. Só faltou combinar com os russos – quer dizer, eu teria de fazer um curso para mudar de patamar, mas o preço era muito alto. E eu não tinha essa grana.

Entrei no site de uma professora de Itatiba, perto de Jundiaí, com quem eu queria fazer a especialização, e duas coisas chamaram minha atenção, além do valor alto que eu teria de desembolsar: a página e o logotipo dela eram horríveis.

Estávamos no mês de outubro, e eu queria fazer o curso para entrar em dezembro bombando, a fim de aproveitar a época em que as mulheres mais procuram esse tipo de serviço. Com a micropigmentação, eu ganharia o triplo do que faturava como designer de sobrancelhas. No entanto, não tinha de onde tirar R$ 4.000,00.

Então pensei: *E se eu trocar o curso por meus conhecimentos de marketing, melhorando o site e o logo dela?*. Na cara e na coragem, marquei um café com a professora e fiz essa proposta. Ela topou. Me deu até o material básico necessário – um dermógrafo e um jogo de três tintas. Como a clínica não era longe, comecei a ir até lá com muita frequência, toda semana, onde passei a atender a clientes, como se fosse um estágio. Em troca, entreguei o combinado: logo, cartão e site.

Agora é que vem a parte interessante disso tudo. Quando fiz essa proposta a ela, eu simplesmente não sabia desenvolver sites. Entendia de identidade visual, mas e a parte técnica? "Necas de pitibiribas." Sem problema: terceirizei o serviço para um amigo meu e ele – que, por sua vez, não sabia fazer logo – aceitou como pagamento minha ajuda na criação de logotipos.

Esse modelo de trocas era a única alternativa que eu tinha. E foi uma triangulação perfeita, que agradou a todo mundo. No universo do empreendedorismo, você vai conhecer muitas histórias assim, de gente que aceita um desafio e só depois dá um jeito de viabilizar, mesmo sem um centavo no bolso, oferecendo em troca algo tão valioso quanto dinheiro.

Esses são conceitos interessantes para quem não tem dinheiro em momentos cruciais da jornada empreendedora: criatividade e humildade. Não sinta vergonha de estar sem dinheiro. Primeiro porque, como eu disse, ele não é a única moeda de troca que você tem. Segundo, uma hora ele virá até você, mesmo quando não for chamado.

Eu acordava às cinco e pouco da manhã, chegava a Itatiba por volta das 6h, arrumava os materiais, dava uma geral e começávamos a trabalhar. Ao meio-dia eu voltava para Jundiaí, almoçava e ia atender no espaço de outra pessoa – dessa vez, no salão de um amigo –, onde ficava até as 19h. Depois, ia para casa, jantava e só então começava a fazer a minha parte naquela troca: a criação de logotipo e site.

Não era moleza: eu tinha que rodar mais de 20 km para ir até a clínica de Itatiba. Gastava com gasolina, pedágio, comida... Cheguei a ir três vezes por semana. Fiquei uns quatro meses nessa vida, investindo meu tempo e meus conhecimentos, que eram os meus recursos na época, mas consegui atingir meu objetivo: concluí o curso.

Um ano depois, eu já trabalhava com micropigmentação, quando me toquei de que não existia no Brasil uma técnica que fazia sucesso nos Estados Unidos: a micropigmentação fio a fio. Eu não sabia falar inglês, continuava sem dinheiro e não tinha condições de fazer esse curso, que era dado em Hollywood por uma especialista americana. A vontade de crescer e acontecer de novo, porém, falou mais alto. E lá fui eu fazer escambo outra vez.

Por um período, combinei com um amigo professor de inglês, chamado Jorge, que eu faria a sobrancelha da família inteira dele em troca de aulas do idioma. E assim foi por cinco meses. Fiz a sobrancelha da esposa, da sogra, de não sei quem mais... e ele foi me ensinando pelo menos os termos técnicos que eu precisaria saber lá fora. Juntei o pouco de dinheiro que consegui e me preparei para a viagem – minha primeira para fora do país.

Olha que lição interessante a gente tira disso tudo: não jogar a culpa de nossa inércia no dinheiro – ou na falta dele, melhor dizendo. Porque aquele retângulo de papel muitas vezes pode nem ser necessário para você conquistar seu objetivo. Adiante, vou dar mais exemplos de como isso é uma verdade salvadora e maravilhosa.

A lição interessante que a gente tira disso tudo: não jogar a culpa de nossa inércia no dinheiro – ou na falta dele.

Lá fui eu para os Estados Unidos, de novo com mais cara e coragem do que qualquer outra coisa. Chegando àquele país, novamente tive de partir para o modelo de troca. De início descobri, para meu desespero, que as aulas de inglês não tinham adiantado nada. Eu não entendia patavina do que os gringos falavam. Consegui fazer Mary Ritcherson, a professora, compreender que eu estava boiando e ela respondeu: "*Don't worry*" (isso eu entendi!). Ela foi legal, mas, além da falta de domínio do idioma, o curso foi muito rápido – só três dias. Eu teria que dar um jeito de me aprofundar.

Quando pisei de volta no Brasil, fiz contato com Mary e disse a ela que estava muito grato pela atenção e paciência dela comigo. Ela falou que tinha achado muito bonito meu logotipo e as cores da minha empresa. Eu agradeci e disse que, com muito prazer, desenvolveria todo o material dela: o logo, o certificado, a placa da empresa (MR NaturaLines), se ela quisesse. E fiz – por gratidão, pelo carinho que teve comigo, pelo respeito. Quando terminei o certificado, o logo, o cartão de visitas, a ficha de anamnese etc., ela perguntou quanto me devia. "Você não me deve nada", respondi. "Você foi incrível comigo. Só quis retribuir." Aí é que a mágica aconteceu, sem que eu esperasse por isso.

Quando a gente oferece algo para o mundo sem esperar nada em troca, de alguma forma, acabamos sendo presenteados.

Mary me convidou – praticamente exigiu – a passar uma temporada na clínica dela, na Flórida. Falei para minha esposa, que ficou tão entusiasmada quanto eu, mas, de novo, tínhamos de levantar uma grana que não existia. Dessa vez não teve escambo: raspamos o tacho das economias e compramos as passagens. Ficamos quinze dias em Tampa. Todo dia, eu saía do hotel para encontrar Mary na clínica. Quando ela ia atender a um cliente, eu ficava ao lado auxiliando e vendo como o trabalho funcionava. Meu inglês ainda era ridículo. Para a gente se comunicar, vira e mexe tínhamos de ir a outra sala, onde havia um computador, para que eu pudesse digitar uma frase em português no Google Translator. E ela fazia a mesma coisa, respondendo em inglês.

Tirando esse pequeno percalço, foi uma experiência transformadora, fundamentada na troca e na generosidade.

Quando a gente oferece algo para o mundo sem esperar nada em troca, de alguma forma, acabamos sendo presenteados. Tem gente que nunca oferece nada e fica lamentando, praguejando, dizendo que não tem oportunidades nem sorte na vida, mas nunca dá oportunidade a ninguém; jamais se doa.

Sempre tive a visão de construir uma marca *premium*. Desde o início de nossa trajetória, minha esposa já era louca por bolsas Victor Hugo. Marcela achava que "gente chique" tinha aquele acessório. Então, pensei: *Se gente chique frequenta as lojas da Victor Hugo, então eu quero ter os clientes delas.*

Havia uma loja VH no Shopping Jundiaí, em cuja porta fui bater. Ofereci tardes especiais para as clientes deles: eu levaria minha cadeira, maquiagem e apetrechos de design, e as atenderia de graça. Aceitaram. Coloquei literalmente minha cadeira ao lado do provador e trabalhei feito um louco. Elas adoraram. Não ganhei dinheiro, mas conquistei algo que não tem preço: eu podia fotografá-las e associar minha imagem ao logo da Victor Hugo na cidade. Fiz uma campanha violenta em redes sociais, e-mail marketing e Facebook. Postei as fotos para clientes habituais e potenciais, assinando Alan Spadone/Victor Hugo. Isso me trouxe respaldo e credibilidade. Mais uma vez, o dinheiro ficou fora da jogada.

Àquela altura da minha carreira, nunca na vida uma Victor Hugo ia me chamar; por isso, não esperei acontecer: eu me convidei. Chame de cara de pau ou de senso de oportunidade – o importante é agir na hora certa e da forma correta.

As coisas aconteceram rápido na minha vida profissional. Em poucos anos, cerca de cinco anos, migrei do marketing para a micropigmentação, tornando-me um profissional respeitado no país e no exterior. No entanto, para você não pensar que sou o bonzão, o arrojado, fora da curva e não sei que mais, confesso que tive um empurrão inesperado no meio dessa história – e foi um belo de um pé na bunda.

Depois de cinco anos trabalhando como empregado do salão em Jundiaí, fui percebendo sinais de que eu estava incomodando. Muitas clientes iam direto em mim para marcar maquiagem. A dona tinha fama de ser a rainha das noivas – ela as maquiava e eu, as madrinhas. Quando as madrinhas começaram a virar noivas, me procuravam. Marqueteiro que sempre fui, eu divulgava isso. Nem era uma coisa pessoal, eu estava mesmo pensando no bem do salão. Chegou um dia, porém, em que a patroa me chamou e disse: "Ou você apaga sua estrela aqui e continua como auxiliar ou pensa no que vai fazer da sua vida. Tem até quarta-feira para decidir".

Aquilo doeu em mim como uma facada. Na hora não pensei direito e respondi: "Tudo bem, vou ficar na minha". Na volta para casa, contudo, comecei a me sentir um merda. E chorei.

Quando me viu naquele estado, Marcela me encorajou: "Será que agora não é hora de você seguir sozinho?". Eu retruquei: "Mas, se eu sair, não vou ter nenhum rendimento. E ainda vamos precisar pagar aluguel e tudo o mais...".

Eu ainda não dava cursos. Minha esposa sugeriu procurarmos um lugar barato onde eu atenderia às clientes de dia e daria aulas de design à noite.

A dona do salão me deu o ultimato num sábado. Na segunda-feira seguinte, passei em frente a um lugar perto de casa que era bem pequenininho, mas lindo. Peguei o telefone e perguntei o valor do aluguel. "R$ 2.550,00 por mês", disse a voz do outro lado, que era do dono de uma loja de carros também perto da minha residência. Fui até lá pessoalmente e expliquei: "Quero alugar sua sala. Minha área, a da beleza, é muito promissora. Tenho clientes e um plano de negócio, mas ainda estou sem dinheiro. Se você me der três meses de carência, começo a trabalhar lá e te pago em pouco tempo". "Filho", ele disse, "eu sou um homem de negócios. Nada é assim tão previsível. Por isso, não posso fechar com você." Voltei para casa com o cartão dele na mão.

Eu carrego uma certeza dentro de mim: quando nasce um desejo forte no meu coração, é porque ele já nasceu no coração de Deus. Então, fui orar. Rezei com Marcela na terça-feira. Nada. Na quarta, antes de ir para o trabalho e já angustiado com a situação – afinal, eu teria de dar uma resposta que ia mudar minha vida para o bem ou para o mal –, procurei de novo o dono daquele espaço para alugar. "Não me entenda mal, mas faz mais de um ano que eu passo em frente ao seu salão e ele continua desocupado. Acho que ele tem de ser meu." Para minha surpresa, ele falou: "Pega essa chave. Vai lá fazer dinheiro que eu faço o contrato".

Eu tinha uma cadeira, uma maleta com meus apetrechos e R$ 600,00 no limite do cartão de crédito. No dia seguinte, quinta-feira, fui à loja C&C e comprei dois lustres (porque não tinha luz na salinha). Gastei os R$ 600,00 nisso e em um espelho de parede.

Deixei para ter a conversa decisiva com a patroa no sábado seguinte. Disse que não havia mais clima para continuar e que ia seguir minha vida. Voltei para casa e meu pai estava me esperando. Nós dois não tínhamos mais dinheiro – e eu queria de todo jeito pintar uma parede branca e rosa horrível no meu novo local de trabalho. Ele pegou uma dessas lavadoras de pressão e, com ela, pelo menos tirou o limbo da parede. Passei a atender na terça-feira. Nem precisei fazer propaganda – minhas "antigas" clientes começaram a me ligar.

Em pouco tempo, o local já pedia por uma melhoria. Eu necessitava de quatro cadeiras e quatro espelhos para poder dar o curso à noite. Fui pedir empréstimo no banco. Negaram.

Ficamos, então, sabendo de uma empresa de marketing multinível que prometia uma retirada mensal de R$ 7.000,00 durante um ano para quem investisse R$ 30.000,00. Nessa época, a Marcela era atendente do Bradesco, ganhando um salário de R$ 1.700,00. Eu sugeri: "A gente pega R$ 30.000,00 no banco, coloca nesse marketing multinível e usa R$ 6.000,00 para pagar nossos custos fixos de casa e do salão. Ainda sobra a quantia de R$ 1.000,00 para pagar as parcelas do empréstimo. Depois de um ano, a empresa vai gerar caixa suficiente para a gente tocar o barco sozinhos".

É possível seguir seu sonho. Mesmo que, agora, você não tenha dinheiro.

Infelizmente, Marcela concordou. No primeiro mês, a tal empresa multinível quebrou. Não recebemos nem a primeira parcela prometida. Que desespero! Agora tínhamos de pagar não só o aluguel do salão, mas também as parcelas do empréstimo no banco. Por muita sorte (quem disse que o empreendedor não precisa de um pouco de sorte?), meu avô me socorreu nessa hora. Não sei de onde ele tirou, mas me arranjou R$ 25.000,00. Além de administrar as dívidas, consegui comprar seis cadeiras, seis espelhos, um bebedouro e uma TV. E ainda montei uma bancada no meu salão. No dia seguinte, comecei a divulgar os cursos de design de sobrancelha e maquiagem.

Trabalhava das 8h às 19h – quando a última cliente saía, as alunas entravam. E ficavam até as 23h da noite. Tudo isso de segunda a sexta.

A Marcela continuava no Bradesco. Como a gente só tinha um carro (um Peugeot 206 com dez anos de uso), ela ia trabalhar com ele e à noite me pegava. Por sorte, nós morávamos perto de nossos trabalhos. No final de semana, a gente fazia as apostilas dos cursos, os crachás das alunas, preparava os exercícios...

Assim foi nossa vida nos sete anos seguintes. No fim desse período, já tínhamos dois Porsche na garagem, e a salinha de 48 m^2 se tornou um prédio de 800 m^2 em um bairro nobre da cidade. Morávamos num apartamentinho simples e pequeno, e hoje temos o privilégio de viver numa casa muito grande e confortável no condomínio mais luxuoso de Jundiaí.

Não estou falando tudo isso para me gabar. É para te encorajar a seguir o mesmo caminho que o meu. Porque é possível. Mesmo que, agora, você não tenha dinheiro.

"Eu sou um bootstrapper. *Eu tenho muita iniciativa, visão e coragem, mas não muito dinheiro. Eu terei sucesso, porque meus esforços e meu foco vão derrotar meus concorrentes maiores e mais bem financiados. Eu sou destemido. Eu mantenho meu foco no crescimento do negócio, não na política, na progressão de carreira ou em outras distrações desnecessárias."*[*]

(Seth Godin, abertura do Manifesto do bootstrapper[**])

* Tradução livre. O texto original é o seguinte: "I am a bootstrapper. I have initiative and insight and guts, but not much money. I will succeed because my efforts and my focus will defeat bigger and better-funded competitors. I am fearless. I keep my focus on growing the business—not on politics, career advancement, or other wasteful distractions". Disponível em: GODIN, Seth. The Bootstrapper's Manifesto. In: The Bootstrapper's Bible. Disponível em: <https://seths.blog/wp-content/uploads/2013/09/8.01.bootstrappersbible-1.pdf>. Acesso em: 3 mar. 2020.

** *Bootstrapper* é o empreendedor que usa recursos próprios para abrir seu negócio, sua startup, sem recorrer a investidores.

NETWORKING? QUE BICHO É ESSE? COMO FAZ? PARA QUE SERVE?

CAPÍTULO 4 ⟶

Você vai precisar de muitas coisas novas na sua vida empreendedora. Terá de desenvolver capacidades e competências que nem imaginava que existiam. Vamos começar por uma das mais básicas (e nem por isso menos importante): a capacidade de saber **como** fazer, **o que** fazer e **quando** fazer.

Complicado? Então, vou deixar mais simples para começar: você consegue resolver o **como**, o **o quê** e o **quando** com o **quem**. Vou destrinchar isso.

A gente vive na era da hipercomunicação, do acesso a praticamente todas as informações do planeta em questão de segundos – você já ouviu falar que "o volume de dados criado nos últimos dois anos é maior do que a quantidade produzida em toda a história?[5]. Isso abre oportunidades imensas, mas também é uma "faca de dois *legumes*". Fora o nó na cabeça que tanta informação provoca, cria uma enxurrada de falsos gurus, de sabichões que dão palpite em tudo, que ditam regras até para você respirar.

A internet facilitou o acesso às pessoas onde quer que elas estejam, mas, ao mesmo tempo, criou uma grande confusão entre especialistas de verdade e oportunistas de plantão. Só o treino, o olhar atento e a pesquisa incansável vão ensinar você a diferenciar um do outro. Muito mais do que algumas décadas atrás, isso se tornou um trabalho de garimpo, de separação do joio do trigo.[6]

Antes da invenção das redes sociais, o networking era feito "na unha": para nos conectarmos com gente interessante ao nosso

5 Para saber mais, consulte: MARR, Bernanrd. 20 fatos sobre a internet que você (provavelmente) não sabe. *Forbes*, 1 out. 2015. Disponível em: <https://forbes.com.br/fotos/2015/10/20-fatos-sobre-a-internet-que-voce-provavelmente-nao-sabe/#foto1>. Acesso em: 6 mar. 2020.

6 [N.A.] O joio, citado até na Bíblia, é uma erva daninha imprestável que, de tão parecida, finge que é trigo e cresce ao lado dele nas plantações, para aproveitar a fama daquele que é bom de fato.

projeto de vida e de carreira, tínhamos de frequentar os lugares certos (eventos, congressos, inaugurações, até festas), conversar com quem estava bem informado, ler jornais e revistas especializados, entre outras ações.

Mapeie dentro do seu projeto, do seu plano de negócio, quais são os pontos em que você é mais frágil e vá atrás das feras nessa praia. Deixe a imaginação voar, mas mantenha os pés no chão.

Networking é isto: uma palavra chique que significa rede de relacionamentos, de conexões com indivíduos relevantes. Você também pode chamar isso de atalho ou ponte para chegar às pessoas-chave que te interessam (seus **quem**) e interagir com elas.

Procure os verdadeiros especialistas na sua área – e lembre-se de que, agora, ninguém é especialista em tudo ao mesmo tempo. Alguém assim seria um generalista, e não um especialista. Mapeie dentro do seu projeto, do seu plano de negócio, quais são os pontos em que você é mais frágil e vá atrás das feras nessa praia. Deixe a imaginação voar, mas mantenha os pés no chão. Talvez não seja o caso de gastar seu tempo e suas fichas tentando se aproximar daquele famosérrimo que mora num palacete em Mônaco. Baixe a bola e trace um plano de networking mais realista.

Agora, outra sacada muito importante que você já viu neste livro: quando estiver montando sua rede de conexões, seu networking, esteja preparado para não só pedir, mas também oferecer algo de valor a quem te interessa.

Para você, assim como para a maioria daqueles que eu conheço, interagir com os outros talvez seja um suplício – ainda mais se estes forem desconhecidos ou, então, muito foda na área que você ama. Por timidez, desconfiança ou algum bloqueio, muitos preferem se fechar e perder contatos maravilhosos com medo de pagar mico. No mundo dos negócios, isso é uma falha que precisa ser corrigida. Eu mesmo, que sempre me considerei tímido pra caramba, aprendi na prática que, tanto no modo on-line quanto no off-line, uma boa dose de cara de pau é meio caminho andado para fazermos conexões poderosas.

Mas, afinal, por onde começar? Algo que fiz muito foi ir a eventos, cursos, palestras e até festas nos quais sabia que encontraria gente interessante para o negócio que eu tinha em mente, e que fazia todo o sentido para o meu propósito de vida. Muitas vezes, eram ocasiões cujo conteúdo em si não dizia nada para mim; outras vezes, eu estava exausto... No entanto, o valor dos relacionamentos que eu conquistei nessas oportunidades foi incrível.

"E como me conectar com indivíduos novos se eu nunca me conectei com ninguém? Como não parecer pidão, interesseiro ou inconveniente?" Um ponto inicial precisa ficar muito claro: networking não tem o dinheiro como base. Como você já viu até aqui, o valor de cada um – inclusive o seu, é óbvio – vai muito além disso. Todo mundo tem algo de valor que pode fazer a diferença na vida do outro. A melhor estratégia é pensar: *O que eu tenho de valioso para aquela pessoa, o que posso oferecer a ela?* Certamente, você sabe fazer algo que ela não sabe; tem algo que ela não tem – mas gostaria de ter.

Essa é sua moeda de troca.

Por essa razão, um dos grandes segredos do networking está em ouvir mais e falar menos, tentando descobrir do que aquela pessoa precisa. Não caia na tentação infantil de falar de si

Um dos grandes segredos do networking está em ouvir mais e falar menos, tentando descobrir do que aquela pessoa precisa.

mesmo, achando que está arrasando no seu marketing pessoal, nem pague pau para alguém que você admira e que, de certo modo, está numa situação melhor que a sua. Imagine que cada um tem o próprio ritmo; vocês dois são igualmente empreendedores talentosos que apenas ainda não estão no mesmo patamar por "n" razões. Se, em vez de conversar com alguém de igual para igual, você o tratar como ídolo, se ficar tietando, vai perder uma ótima oportunidade de gerar uma conexão frutífera para os dois lados. Como ninguém quer se conectar com quem está abaixo, falar menos e fazer perguntas inteligentes vai te colocar no mesmo nível.

Depois que conhecer as necessidades desse seu interlocutor (com sutileza), é hora da doação: ofereça aquilo que você tem de precioso (seu tempo, seu talento, algum contato) antes de pedir algo a seu favor.

Quando pensei em fazer um curso na área da beleza, eu não tinha dinheiro para pagar, lembra? Então, entrei no site de cursos de uma professora que era referência na região e vi que ele era ruim, feioso e pouco funcional. Recapitulando a minha ideia, já mencionada no capítulo anterior: ofereci a ela – a quem eu nem conhecia – um banho de loja no site. Tive receio: *Será que ela vai ficar ofendida? Será que vai me achar petulante?* No entanto, acabei indo em frente. Antes mesmo de terminar a conversa, já estávamos marcando um segundo encontro para falar de negócios. E nossa troca acabou sendo pau a pau: eu dei o site e ela me deu o curso. Como eu era especializado em marketing, mas não sabia nada sobre sites, triangulei com um amigo que sabia – e que também precisava de ajuda na criação de logotipos (isso era algo que eu dominava). Moral da história: em um networking de três pessoas, todas saíram ganhando sem tirar um tostão do bolso.

Por isso eu digo: a construção de uma boa rede de relacionamentos é mais valiosa que a construção de paredes. Não comprometa suas reservas financeiras com paredes, pelo menos não no início da sua jornada empreendedora. As paredes são bonitas, causam deslumbramento, mas não se preocupe em provar nada a ninguém. Foque sempre no resultado. Não invista o que tem e o que não tem naquilo que não traz tanto retorno imediato quanto se conectar com os indivíduos certos.

A construção de uma boa rede de relacionamentos é muito valiosa.

Outro networking importante é composto por quem está mais próximo de você: amigos, parentes, familiares. Tente reconhecer aqueles que podem ser uma boa influência e os que podem atrasar seu projeto de vida. Se você não tem ao seu lado pessoas que te motivem ou não sabe de imediato identificá-las, comece se afastando ou dando um gelo nas que não te motivam. Não precisa tirá-las da sua vida – às vezes, é alguém próximo demais. Basta neutralizar a influência delas sobre seus atos e pensamentos. Por outro lado, "alimente-se" com o entusiasmo dos que te jogam para o alto, que confiam no seu talento e acreditam no seu sucesso.

Eu sou um deles. Só por estar lendo este livro e procurando ajuda, tenho certeza de que você vai vencer.

COMO FAZER UM BOM NETWORKING

1. *Mapeie sua rede atual de contatos;*
2. *Defina prioridades e ações para ampliar essa rede;*
3. *Estude as melhores formas de se encontrar com pessoas interessantes (no mundo real ou virtual);*
4. *Em encontros e eventos, interaja com elas naturalmente;*
5. *Não se preocupe com a quantidade, mas com a qualidade dos seus contatos;*
6. *Peça ajuda a especialistas.*

Fonte: Diane Darling, *Networking: Desenvolva Sua Carreira Criando Bons Relacionamentos*, publicado pela Editora Sextante, 2007.

CRIATIVIDADE NÃO É DOM NEM TALENTO. É TRABALHO

CAPÍTULO 5 →

ou pedir a você um favor de coração: esqueça essa conversa de que você não nasceu com nenhum dom, com nenhum talento especial, com p... nenhuma que pudesse te ajudar a tornar sua vida mais leve, mais divertida e, lógico, mais rica. Eu sei que todo mundo (até as pessoas mais bem-sucedidas, pode acreditar), de vez em quando ou de vez em sempre, sente inveja (branca, preta, vermelha ou roxa) daqueles seres "iluminados" que parecem ter nascido com o bumbum virado pra lua, que parecem ter talentos mirabolantes desde o útero da mamãe – sem falar de uma sorte do caramba.

Esqueça esse pensamento. Aposente essa sensação ruim, pois ela não pertence a você.

Além de estragar sua autoestima, de fazê-lo pensar que só desembarcou na Terra para quebrar pedra e sofrer, esse sentimento simplesmente é uma mentira. Sabe por quê? Porque todos nós – eu, você, seus filhos, nossos amigos e até nossos inimigos – temos muitos talentos e dons. Acontece que, sozinhos e sem os estímulos certos, eles não vão nos levar a lugar nenhum. Uma expressão muito usada no meio do empreendedorismo e da qual eu gosto muito é: “o trabalho duro supera o talento que não trabalha duro”.

Você já sabe que minha primeira formação é em marketing, uma área que me fez ver que eu era uma pessoa nota dez, e não a nota zero dos tempos de engenharia. No início, porém, mesmo estando na área que adoro, eu achava que as ideias e campanhas incríveis que via na TV, nas revistas e nos outdoors, aquelas que conquistavam multidões, surgiam num estalo de genialidade, enquanto o publicitário ou o marqueteiro estava tomando banho, deitado no sofá olhando para o teto, caminhando no parque, essas coisas.

Na prática, fui percebendo que não é nada disso: a criatividade desses caras – e a nossa também – é desenvolvida como um músculo. E eu vou explicar sobre essa ideia daqui a pouco. No entanto, antes disso, você já entendeu que criatividade não é dom nem talento, certo? E que o seu sucesso profissional, o sucesso da sua empresa, não depende só do dinheiro. Tem gente que acha que, se tiver dinheiro, todos os problemas estão resolvidos, mas isso é uma mentira. Uma empresa de sucesso é muito mais do que dinheiro.

Como diz o espetacular Murilo Gun, a criatividade é uma poderosa ferramenta para resolver problemas. E eu, humildemente, acrescento: sem ela, nos tempos atuais de hipercompetitividade e da velocidade com que produtos, serviços e negócios nascem, morrem ou mudam de rumo, a criatividade pode ser a sua salvação.

Ter sucesso, bons números no Instagram, respeito, credibilidade, uma carteira cheia de clientes satisfeitos e constantemente surpreendidos por suas novidades – tudo isso é um desafio que pode ser resolvido muito mais com criatividade do que com dinheiro. E, também, não venha com o *chororô* de que você não tem criatividade. Todo mundo tem, sem exceção. Conforme eu falei anteriormente, ela é como um músculo que fica cada vez mais forte com os exercícios (os estímulos) certos.

Então, *bora* para a academia da criatividade.

A criatividade é aquilo que sua mente começa a desenvolver quando você precisa resolver alguma coisa diferente, que não dá para solucionar no piloto automático.

E quanto mais informações você tiver na cabeça – obtidas com leitura, viagens, estudo, conexões, e até mesmo com a diversão e as baladas –, mais originais e eficientes serão suas soluções criativas. E quanto mais diversificadas forem as informações que você joga para dentro do seu cérebro, maior será seu leque de respostas criativas. Então, diversifique seus interesses, não fique bitolado só numa coisa. Experimente viagens diferentes, assuntos diferentes, grupos diferentes, eventos diferentes, até comidas diferentes.

Outra coisa interessante: mesmo depois de muito treino, malhação mental e prática, não pense que tudo vai sair de primeira, bonitinho e pronto para usar. Vai ter muito "muda isso, mexe aquilo, troca tudo e começa do zero de novo".

Pode pesquisar: a esmagadora maioria das pessoas consideradas fora da curva diz que não existe essa conversa de nascer virado pra lua, de ser um gênio, um predestinado e coisas do tipo. Tanto elas quanto indivíduos bem-sucedidos que você conhece pessoalmente vão dizer – pode me cobrar se eu estiver errado – que o talento que leva ao sucesso, na verdade, é composto pelo tripé persistência (que, agora, virou moda chamar de resiliência), conhecimento da área (e do negócio) e agilidade. Esses são os verdadeiros pilares que vão deixar seu negócio e sua vida assentados em bases sólidas. A criatividade é a bússola, o combustível da agilidade.

Não venha com o *chororô* de que você não tem criatividade. Todo mundo tem, sem exceção.

Então, não se esqueça: a criatividade é reflexo de tudo o que vivemos, vemos, lemos, ouvimos, sentimos... Não existe pessoa não criativa. Aprenda a alimentá-la e a dar ouvidos a ela. Treine os sentidos. Faça coisas meio malucas de vez em quando.

Existe um conceito relativamente novo chamado liderança criativa, segundo o qual, hoje em dia, a solução de problemas e situações inesperadas (lembra que está tudo a mil por hora por causa da internet?)

ligados à gestão (e não só a produtos e serviços) tem de ser cada vez mais criativa. Cada situação pede uma estratégia de gestão diferente. Até o seu comportamento (bravo, bonzinho, centralizador, democrático etc.) diante da equipe, dos fornecedores ou dos clientes pode e deve mudar conforme a situação.

EXERCÍCIOS PARA DEIXAR O CÉREBRO SARADO

1. *Escove os dentes ou use o mouse com a outra mão;*
2. *Faça caminhos diferentes do habitual;*
3. *Escolha um objeto qualquer e pense em dez coisas diferentes que você pode fazer com ele;*
4. *Fale o alfabeto de trás para a frente;*
5. *Pratique atividades aeróbicas (como corrida, dança, natação, ciclismo) de 30 a 60 minutos pelo menos duas vezes na semana;*
6. *Toque um instrumento.*

Fonte: Superinteressante. Disponível em: <https://super.abril.com.br/comportamento/exercicios-para-a-mente-6-dicas-para-ficar-mais-esperto/>. Acesso em 9 mar. 2020.

A IMPORTÂNCIA DO PROCESSO: NÃO É SIMPLES, MAS É TUDO

CAPÍTULO 6 →

Os processos não existem para fazer você sofrer, mas para que você possa desenvolver o que planeja com método, qualidade e eficiência. No começo, é chato; depois, fica mais chato ainda. Estou brincando... Tem gente que até se vicia neles.

Se você quer empreender, porém não está a fim de passar por uma série de processos, talvez esteja esperando um milagre. Uma vez, ouvi uma frase interessante sobre a diferença entre milagre e processo: a água se transforma em vinho por milagre; a uva, por um processo. Se você quisesse entrar no ramo de produção de vinhos, por qual desses dois modelos optaria? (Nada contra a fé de ninguém, mas aqui estamos falando de *business*, certo?)

Eu também gosto de ressaltar a importância do processo de criação de um empreendimento fazendo uma analogia com a borboleta: o processo é como o casulo – feio, apertado, solitário e deve até doer –, mas sem ele a pupa não se torna borboleta. Ouvi essa frase do escritor e palestrante Tiago Brunet, como já citei antes. Segundo ele, a pupa e a borboleta são o mesmo ser; o que as diferencia é o que acontece no casulo. "O casulo é o processo para a lagarta virar borboleta. Quem foge dos processos da vida não alcança voos altos", afirma Brunet[7]. Para ele, o casulo é um processo de maturidade, um tempo de crescer por dentro, de armazenar forças e de se preparar para uma fase mais bela, aquela na qual se voa mais alto.

Muita gente, quando sente as primeiras dores no início do seu processo em busca de uma vida melhor, arruma várias desculpas para não continuar na jornada ou para justificar o momento ruim da empresa: "O mercado está saturado"; "Não tenho costas quentes"; "O país está em crise"; "Corro tanto atrás do dinheiro do dia a dia que não sobra tempo"; entre outras explicações. No entanto, enfrentar essas dores com determinação, a fim de

7 Disponível em: <https://www.facebook.com/tiago.brunet/posts/1680063218807120>. Acesso em: 08 mar. 2020.

superar todos os obstáculos, pode transformar uma pessoa mediana em um empreendedor vitorioso.

Então, vamos lá.

Você tomou a corajosa decisão de começar a empreender. O próximo passo é dar início aos processos empreendedores. Não há como fugir deles, é algo pelo qual todo dono de um negócio próprio vai ter de passar, tendo ele conhecimento técnico ou não, tendo apoio ou não, tendo dinheiro ou não.

Já vou avisando: esse caminho costuma ser solitário e deserto, por isso muita gente o abandona no meio. Tem hora que parece que todos estão contra você. Às vezes, temos a impressão de que falta tudo: cliente, dinheiro, sorte, energia (física, mental e elétrica), água... É uma zona de total desconforto. Acontece que o processo é a validação do próximo nível. Impossível alcançar a etapa seguinte sem vencer a anterior. Talvez até dê para superar uma ou outra fase da construção do seu negócio na base do "*vamo* que *vamo*", do feeling, do instinto, do chutômetro. Isso, porém, vai ser casual e nem sempre dará certo. Muito cuidado com essa furada de confiar no sexto sentido – que nada mais é do que um reflexo romantizado da lei do mínimo esforço. Hoje em dia, com as avançadíssimas técnicas e métricas dos meios digitais, está tudo muito mais preto no branco do que alguns anos atrás. É possível prever, com um bom grau de acerto, quais serão as consequências de cada atitude empresarial. "Não é feitiçaria, é tecnologia" (lembra-se desse slogan maravilhoso?[8]).

Mas, afinal, do que se trata nosso querido processo?

8 [N.A.] Esse slogan se refere a uma propaganda de um produto para manter a forma física, cuja garota-propaganda era a Joana Prado (a Feiticeira).

Ele nada mais é do que um planejamento detalhado que prevê o encadeamento de ações e reações que podem te levar do ponto A ao ponto B da melhor forma. Não precisa (e nem sempre é possível) programar tudo direitinho do começo ao fim, tintim por tintim, principalmente em um negócio novo, porque algumas coisas imprevisíveis vão acontecer no percurso e vai ser necessário ajustar sua rota. Além disso, você acaba se apegando demais ao processo e se esquece de que ele é o meio, não o fim. Aí, a coisa não rola e você trava, fica sem jogo de cintura para encontrar saídas e seguir em frente.

Você tomou a corajosa decisão de começar a empreender. O próximo passo é dar início aos processos empreendedores.

Na minha formação universitária, decidi ser designer gráfico porque odiava a área de exatas. Quando me formei técnico em design, aos 17 anos, entrei na Unip para estudar Propaganda e Marketing. Fui monitor na faculdade e dava aulas para os universitários da turma um ano mais nova que a minha. Depois de mais de dez anos trabalhando como publicitário, decidi migrar para a área da beleza. Troquei a arte do design gráfico pela arte que faria no rosto das pessoas – e comecei a ensinar aqueles que também queriam empreender nesse mercado.

Encaro processos, portanto, desde a minha adolescência. Cada emprego e cada desafio pelos quais passei foram um deserto diferente. Era como se eu me visse numa série da Netflix chamada *A vida de Alan Spadone* (tô me achando, né?), da qual cada temporada corresponderia a um emprego que eu tive. E essas temporadas teriam um descobrimento, uma decisão e um deserto (ou seja, meus processos, meus ritos de passagem). Se eu voltasse atrás em alguma fase, seria como se determinada temporada acabasse de repente, sem conclusão. Nada mais frustrante... No entanto, sempre que chego até o fim dos meus processos, ainda que arrebentado, me sinto cheio de gás, pronto para a próxima conquista.

Durante anos, fui um publicitário bem-sucedido, mas comecei a não me sentir pleno como antes. Não era ingratidão e não tinha a ver com dinheiro, porque, com a minha idade na época (24 anos), até que eu ganhava bem. Eu sentia aquele desejo de algo mais, sabe? Ainda tinha paixão pelo marketing, mas minha impressão era de que ele seria uma ferramenta para algo maior, algo meu, e não o fim em si.

Durante o tempo em que trabalhei como publicitário, a maioria dos meus clientes era da indústria farmacêutica e cosmética. Quando decidi empreender, o primeiro passo do processo foi entender o mercado que me aguardava.

Ele estava aquecido? Sim, mas só isso não bastava. Então, leitor, não caia na tentação de entrar num mercado só porque ele está na moda. Quem não se lembra da febre da paleta mexicana? Foi uma loucura, uma paleteria aberta em cada esquina, dia sim, dia também, para depois fecharem todas de uma vez. Aquilo não se sustentou porque não passava disso: uma moda transitória. O Brasil não precisava de tantos picolés mexicanos. Muita gente foi no embalo e viu seu negócio derreter em dois palitos (alguém ainda usa esta expressão: "em dois palitos"?).

Meus clientes da área de beleza me alimentavam com informações e tendências, e eu percebi que aquele era um mercado muito promissor – e de vida longa. As mulheres consomem beleza em qualquer época, inclusive quando estão sem dinheiro. Mesmo em períodos de crise, jamais deixam de comprar artigos para melhorar a aparência. O fenômeno chegou a ganhar um apelido: "efeito batom". E o negócio é sério, virou até tema de pesquisa: "Boosting Beauty in an Economic Decline: Mating, Spending and the Lipstick Effect" (algo como "Turbinando a beleza em uma economia em declínio: namoro, gastos e o efeito batom"), publicada em 2012 no *Journal of Personality and Social Psychology*.

Relacionando dados econômicos dos vinte anos anteriores nos Estados Unidos com gastos em várias categorias de produtos, essa pesquisa mostrou que, nas épocas em que o desemprego aumentou, subiram os gastos com artigos para melhorar a aparência, como roupas e cosméticos (inclusive batom).

Antes de empreender, portanto, é preciso estudar, identificar a oportunidade e avaliá-la bem, ter alguma habilidade e certa competência no mercado em que está entrando. A área tem de ser promissora, mas também é preciso se identificar com ela. Seguir com algo pelo qual não se tem o mínimo de paixão é muito difícil. E, chatice por chatice, melhor seria ficar num emprego com menos riscos, concorda?

A paixão, por outro lado, não pode te cegar. Faça-se sempre estas perguntas: "Quais são os riscos reais e imediatos desse mercado? Quem já atua nele está nadando de braçada ou tem que matar um leão por dia?".

Depois da primeira fase do meu processo, decidi entrar para valer na área da beleza. Aí, veio a segunda fase: como fazer a migração? Precisei de um plano. Identificar uma área promissora não quer dizer pular para ela da noite para o dia, com 100% de envolvimento, mesmo que você conclua que é o negócio da sua vida, seu grande propósito. É como um namoro: ninguém se casa logo de cara, mesmo que role o famoso amor à primeira vista. Claro, você até pode fazer isso, mas vai correr riscos ainda maiores – e que podem trazer consequências pesadas.

Pensei, então, que eu teria de realizar alguns testes, como quem faz um *test-drive* antes de comprar um carro ou mesmo antes de se casar. Adequei minha rotina para isso. Executava meus trabalhos como publicitário para pagar minhas despesas rotineiras e, aos poucos, fui reservando mais tempo para a área de beleza – estudando, fazendo estágio, lendo, pesquisando... Decidi que queria uma oportunidade de trabalho. Fui atrás de descobrir qual era o melhor salão de Jundiaí: *Como eu quero aprender, preciso fazer isso com alguém que já passou pelo caminho que quero trilhar, alguém que já atravessou o deserto chamado processo*, pensei.

Minha prima cortava o cabelo naquele salão. No entanto, como eu poderia trabalhar lá se ainda não entendia nada daquilo? De novo, a ideia de troca veio à tona: *Tenho de oferecer algum serviço ao salão para poder pedir algo a eles*. Falei para o dono do espaço que eu poderia me tornar a agência de marketing de seu negócio, o que o faria economizar dinheiro e, em troca, me ensinaria a ser cabeleireiro. Ele topou na hora.

Comecei trabalhando de casa para o salão dele; das 16h às 18h, ia até lá para estagiar. Primeiro, eu lavava cabelos. No entanto, dentro do processo não se pode estagnar, muito menos entrar nele sem estipular um prazo para cada uma das ações necessárias a fim de tornar o negócio real.

Para tudo deve haver um prazo. Quando decidimos que vamos casar, precisamos marcar a data. Quando pensamos em emagrecer, temos de nos dar um tempo para isso; se só pensarmos em perder peso e não estipularmos um prazo para tanto, nunca vamos começar, sempre arrumando desculpas e justificativas para adiar, adiar... e fracassar.

Fui, então, impondo-me metas (pois estar dividido demais entre duas funções torna o ser humano medíocre em ambas): durante trinta dias, eu trabalharia das 16h às 18h; no segundo mês, das 15h às 18h; em determinados dias, eu lavaria cabelos; por fim, depois de alguns meses, já teria de começar a cortá-los também.

Algumas pessoas acham que precisam ser radicais o tempo todo, mas existe um momento para tudo. No início de um processo, vivemos suas dores. Um corte pode, por exemplo, não sair como o planejado, mas o processo vai nos ensinando a nos aperfeiçoar. E justamente por isso não podemos fugir dele.

Em um determinado dia, uma cliente me pediu para fazer alisamento em seus cabelos, porém não me avisou que havia passado um produto neles que não era compatível com a substância do relaxamento. De repente, pensei que algo poderia estar errado. Ao colocar a mão sobre a touca que coloquei nela, senti sua cabeça pegando fogo. Quando puxei a touca, metade do cabelo dela veio junto. Fiquei branco, pálido. Enquanto lavava, hidratava e recuperava, sugeri: "Você precisa fazer um novo corte de cabelo que seja tendência. Isso vai valorizar seus traços. Você me disse que quer emagrecer, e esse corte vai afinar seu rosto". Após a moça concordar em fazer o tal corte, eu a coloquei de costas para o espelho e cortei os fios no estilo chanel. Eu poderia ter entendido aquilo como um sinal de que era incompetente e não tinha nascido para aquilo. Absorvi o ensinamento e a dor do processo como um sofrimento, claro, mas também absorvi aquela situação como um aprendizado.

Tem gente que está passando pela faculdade da vida e entende tudo como sofrimento, enquanto poderia transformar cada momento em aprendizado. Uma vez que alguém se equivoca gravemente, torna-se especialista naquele erro e não mais o repete. Conheci uma pessoa que trabalhava com vários funcionários sem registro, cujos contratos eram feitos apenas no "boca a boca". Bastou receber um processo para regularizar a empresa toda. Teve que parar na Justiça, mas nunca mais fez aquilo.

Também faz parte do processo selecionar bem aqueles que vão trilhar o caminho com você. Há dois tipos de indivíduo nesta vida: os facilitadores e os bloqueadores. Eles deixam, respectivamente, seu caminho mais leve ou pesado. Não faz sentido dividir projetos com quem não acredita em você ou nos seus planos.

Quando vamos atravessar um deserto, não existe companhia meio-termo. Ou ela nos ajuda a chegar ao outro lado ou ferra com nossa vida. É preciso escolher bem quem levar conosco. Não se trata de virar as costas para alguns, mas de acelerar o passo rumo ao nosso propósito – e quem quiser acompanhar vai precisar acelerar junto.

Tome cuidado no processo de seleção. Quando escolhemos alguém para estar ao nosso lado, em pouco tempo essa pessoa revela quem realmente é. Se ela já declarou que não tem os mesmos sonhos e propósitos, quanto mais queremos mudá-la, mais a estragamos. Só mudamos a nós mesmo (e olhe lá!) com bastante esforço e quando queremos muito.

Em um momento da minha vida, cometi um erro grave: comecei a andar sozinho. Achava que minha esposa não me acompanhava. Na verdade, não tive paciência de trazê-la ao meu mundo – para tanto, era preciso amor, conexão e paciência, além de deixar claro a ela o que me fazia feliz (e que não se tratava apenas de dinheiro).

Chegamos a nos separar, pois eu pensava que a Marcela estava impedindo meu crescimento. E, quando estamos passando por esse tipo de situação, procuramos pessoas que vão passar a mão na nossa cabeça. E fazemos isso porque temos medo de ouvir algo que nos confronte ou que revele nosso erro. Não queremos opiniões, queremos cúmplices para as nossas decisões. Naquele momento, eu me separei jogando a culpa nos erros dela.

É difícil falar desse período da minha vida, mas mais difícil foi olhar para trás e perceber que, quando saí de casa, minhas decisões tinham a ver com meus erros também – ou mais com os meus do que com os dela. Procurei, então, ser coerente: *Eu a amo. Ela tem muitas características das quais eu gosto, e faz sentido estarmos juntos. Começar um novo relacionamento simplesmente não vai resolver a minha situação, porque eu cometerei os mesmos erros.*

Essa foi mais uma temporada de *A vida de Alan Spadone*, mais um deserto, mais um processo. Voltar para casa não tinha a ver com dar uma nova chance para ela. Tratava-se de dar uma nova chance para mim. E minha esposa pensou da mesma forma. É por isso que deu certo.

Usei esse processo e esse deserto como aprendizados, nos quais me tornei especialista. Esse tipo erro, portanto, eu não cometo mais.

Processos não são castigos, mas oportunidades de crescimento. A cada processo conquistado, a cada nível alcançado, mais respeito, notoriedade e dignidade conquistamos.

Também faz parte do processo selecionar bem aqueles que vão trilhar o caminho com você.

Autoridade é um processo vencido. Vale mais do que formação acadêmica. Pessoas falam muito sobre querer ser autoridade, conquistar respeito (a maioria das mensagens que recebo é nesse sentido). Quando se tem resultados, não há mais questionamentos a respeito de você, de sua competência, de seu negócio. Autoridade não se compra. Ela mora lá do outro lado do deserto – e quando você o atravessa, tudo muda.

O PROCESSO DE FORMAÇÃO DE UMA BORBOLETA

1. *Ovo: eclodirá depois de alguns dias ou até um mês, dependendo do tipo e das condições climáticas;*
2. *Larva ou lagarta: depois que sai do ovo, ela passa a maior parte do tempo comendo folhas – a comilança pode durar mais de um ano (ela se protege com fios de seda);*
3. *Crisálida ou pupa: é a fase de maior transformação, que pode durar até um mês em total repouso dentro do casulo – onde desenvolve abdômen, pernas e asas;*
4. *Borboleta: livre do casulo e no auge da beleza, atinge a maturidade entre quatro e sete dias; nos meses seguintes, repete o ciclo.*

Fonte: Portal São Francisco. Disponível em: < https://www.portalsaofrancisco.com.br/curiosidades/metamorfose-da-borboleta>. Acesso em: 9 mar. 2020.

AS LIÇÕES DA MONTANHA

CAPÍTULO 7 →

Como parte de um treinamento de liderança do qual participei em julho de 2018, fui fazer uma escalada no Monte Kilimanjaro, na Tanzânia (África). Tive um milhão de "iluminações" (os famosos insights) durante a subida da montanha. Levei um celular (e um abençoado carregador portátil) e nele digitava as ideias e inspirações que fui tendo pelo caminho. Além, é claro, de fotografar aquela beleza absurda.

Esse treinamento de liderança foi composto de cinco etapas em São Paulo. A última fase seria uma experiência: a escalada do Kilimanjaro. Eu nunca havia feito nada tão desafiador, nada minimamente parecido com essa insanidade, mas decidi encarar porque era professor e queria algo "uau" para contar aos meus alunos. E, já que eu sempre encaro desafios no campo da performance, por que não enfrentar esse baita desafio físico e mental? Eu daria um choque no meu corpo e na minha mente para ver até onde eles eram capazes de chegar.

Aceitei (e comprei) essa fase do treinamento no calor da última palestra em São Paulo. Foi no pico da emoção, quando o palestrante coloca a plateia à prova. Eu estava naquela *vibe*, no calor do momento... e fui na onda.

Aí, os dias foram passando, a data da partida foi chegando... e eu ainda precisava comprar todo o equipamento. Comecei a me preocupar: *Será que darei conta de fazer toda a preparação física, mental e espiritual para a aventura, tendo um milhão de coisas a resolver na vida e no trabalho?*. Lançamentos de cursos, novos cosméticos da minha marca, o mercado superaquecido, a empresa num ótimo momento... Bem, eu tinha as desculpas perfeitas para desistir.

A data-limite para fazer o depósito estava chegando: faltava só uma semana. Era muita grana: o valor do investimento, entre curso, equipamento e viagem, era por volta de R$ 60 mil. Um amigo meu também iria. Pensei: *Já sei o que vou fazer. Vou deixar a data caducar. Quando meu amigo ligar, vou dizer que eu estava na loucura* e não rolou. *Deixa para a próxima...* Não deu outra. Ele me telefonou e avisou: "Mano, seguinte, eu sabia que você estava na correria e depositei o seu sinal" – que era em torno de R$ 10.000,00. "Vou te falar por que eu fiz isso", explicou. "Porque sei que vai ser descomunal para sua vida. Você não pode ficar de fora dessa experiência. E ainda vou contar mais uma: aqui em Londres, onde eu moro, tem uma loja com todos os equipamentos de que a gente vai precisar no Kilimanjaro. Me passa tuas medidas e eu compro tudo". Fiquei sem reação. Não tinha como dar para trás. E, assim, carimbei meu passaporte para uma experiência que não esquecerei jamais. Eu trago para a minha vida mais de sessenta lições após participar daquela experiência, mas vou compartilhar com você as que eu considero mais importantes:

1. Não arrume desculpas para desistir das decisões tomadas.

Quantas coisas decidimos fazer (muitas vezes, no impulso da emoção, como eu fiz quando comprei a viagem para o Kilimanjaro), porém, depois, arrumamos desculpas plausíveis para abandonar tudo?

É muito mais difícil manter uma decisão do que tomá-la de fato. A viagem acabou sendo uma das maiores experiências da minha vida e eu me arrependeria amargamente se não tivesse ido (e você viu que, se dependesse só de mim, eu teria desistido).

2. A viagem começa quando você decide fazê-la.

Eu tinha perdido parte da viagem, já que o meu amigo havia se envolvido na questão dos equipamentos para mim – eu, portanto, não pude saborear as escolhas. Não espere pela alegria, felicidade e realização somente no final da jornada: "Quando eu tiver dinheiro, clientes, sucesso ou fama..."; "Quando eu tiver estabilidade financeira, uma família formada...".

Entenda que felicidade não significa a conclusão; ela é o caminho. Enquanto escrevo este livro, minha esposa, que está grávida de oito meses de nosso primeiro filho, fica o dia inteiro arrumando as roupas do bebê. Ela diz: "Eu não preciso esperar o João Pedro nascer para ser uma mãe feliz. Posso ser feliz agora".

Numa empresa, o empreendedor muitas vezes fica inconformado, infeliz, insatisfeito enquanto não atinge aquele patamar que sonhou. Sinta-se grato por aquilo que já tem. Acomodado nunca, grato sempre. A felicidade não pode estar atrelada nem ao último nem ao próximo passo. Fuja da seguinte armadilha: "Eu tenho paixão por aquilo que não possuo; quando o alcanço, não o amo mais".

3. Um passo de cada vez na montanha e na vida – isso deixa tudo mais leve.

Quando você se vê frente a frente com uma montanha daquele tamanho, bate um desespero: *Eu nunca vou conseguir*. Ela parece distante e inatingível. Muitas vezes, temos a impressão de que nosso objetivo está muito distante, mas, passo a passo, sem afobação, podemos chegar lá. Assim, a caminhada fica mais leve.

4. Divirta-se na caminhada. Contemple, admire, agradeça o momento.

Ria do seu perrengue debaixo do sol de 40° e da chuva, dos seus pés atolando na lama, da neve a cinco graus abaixo de zero, da falta de ar, das dores no corpo, do desconforto para fazer xixi... Faça isso também na sua vida empreendedora. Os problemas estarão ali todos os dias. Aprenda a se divertir, a rir deles e com eles. Faz parte da jornada. Se não enfrentá-los de forma leve, não terá a cabeça boa para pensar em soluções criativas, para ser um bom líder e tomar as melhores decisões.

5. Entenda a razão pela qual se decidiu pela jornada.

No primeiro dia, tivemos o chamado momento de partilha: cada um precisava dizer o nome, de onde era, o que fazia e – o mais importante – por que estava lá.

No fundo, o que importa é só isso. Não o que você faz, mas por que faz. Eu vivo me perguntando: "Por qual razão estou fazendo isso?". Quando não tenho a resposta clara do motivo de estar realizando algo (lançando um curso, um produto novo ou um evento), meus clientes e colaboradores vão entender menos ainda. E é impossível vender um projeto ou um produto se as pessoas não souberem o meu "porquê".

Uma vez, um colaborador meu disse que era funcionário de uma loja de roupas e que não ganhava mal, mas saiu do emprego para trabalhar comigo. Acho até que por um salário menor. "Tenho muito mais gás aqui, o trabalho transcende o salário", ele falou. E sabe por qual razão ele disse isso? Porque o que eu vendo transforma vidas. Nunca imaginei que fosse vender algo para uma pessoa (como meus cursos) e, depois de um tempo, ela me ligaria chorando, dizendo que aquilo mudou a vida dela e a de sua família. Isso é demais! Não tem preço.

6. A maior lição é se render ao processo, ser um bom "aprendedor".

Ficamos presos a nossos julgamentos e pré-julgamentos: "Isso eu já sei. Aquilo eu não quero nem saber". Quando decidimos subir a montanha do empreendedorismo, temos de nos render ao processo, ser o melhor aluno que conseguirmos para não ficarmos pelo meio do caminho. Pode reparar, os empreendedores mais bem-sucedidos são os que têm a humildade de se colocar no lugar de aprendizes, e não de professores sabichões que acham que são os donos da verdade.

7. Avise o quanto antes sobre seus problemas.

Os guias da viagem pediam que a gente avisasse sobre dores de cabeça, bolhas no pé ou outro pepino qualquer. Se por orgulho, irresponsabilidade, timidez ou medo de demonstrar fraqueza alguém demorasse a pedir socorro no primeiro sinal do problema, a escalada poderia até ser interrompida – e se tornaria um problemão para o grupo inteiro.

Eu tive dor de cabeça no último dia, na hora da descida. Fui alertado de que isso podia acontecer, que era normal, mas eu não quis dar o braço a torcer e fiquei sofrendo sozinho, só piorando. A cada passo, uma latejada. Resultado: minha descida foi horrível, vomitei um monte, tive de ficar uma hora deitado na barraca. Atrapalhei todo mundo. Vacilei, pois não soube respeitar os meus limites, negligenciei os sinais e não compartilhei o problema com quem deveria. Respeitar os próprios limites e pedir ajuda diante dos primeiros sinais de dificuldade não significa fraqueza, mas inteligência.

8. Respeite os guias, porque sem eles você não sobe a montanha.

No entanto, eles não são seus servos, mesmo que tenham sido pagos para isso. Ali eles são seus líderes. "Nossa missão é garantir segurança (em primeiro lugar) e diversão", diziam o tempo todo. A lição que aprendi foi reconhecer e respeitar uma liderança. O primeiro passo para ser respeitado é saber respeitar. E o primeiro passo para ser um líder é saber ser liderado.

9. Quanto peso desnecessário você carrega nas costas?

Para subirmos a montanha, um peso por mochila nos foi determinado, e não podia passar de 6 kg. O guia pesava a bagagem de cada um para verificar se estava nos conformes e se nela havia os itens básicos de sobrevivência: alguma coisa leve para comer, protetor solar, lanterna, capa de chuva, roupas secas, remédios. Na minha vez, a balança bateu 9 kg. "Abre aí, vou te ajudar a esvaziar", ele pediu. Abri. "Você está levando muita comida, não vai precisar de tudo isso." Ele tirou 3 kg só de comida da minha mochila, acredita? Quase tudo era chocolate. Ah, e também dois pacotes de lenços umedecidos, porque a ideia de não tomar banho por nove dias não me agradava nadinha...

Quanto peso desnecessário carregamos no dia a dia que diminui nossa performance? Esse peso manifesta-se na forma de perfeccionismo, falta de métodos e processos, traumas, presença de pessoas desalinhadas com nosso propósito, responsabilidades que assumimos, mas que, na verdade, não são nossas. Tire tudo isso da sua mochila. E já!

10. Foco no outro.

Nós tínhamos de andar em fila observando os erros e acertos de quem caminhava à nossa frente: pedras, buracos, obstáculos... Focando nos acertos, o grupo economizava tempo e energia. Se aquele que eu seguia pisasse em terreno firme, eu também pisaria; se ele pisasse em falso, caísse ou escorregasse, eu procuraria uma alternativa melhor. Assim, quem estava atrás de mim saberia por onde andar.

Na vida empresarial, é importante tanto observar quem está "pisando errado" (para evitar os mesmos erros), quanto quem está acertando (para imitá-los).

Fiz isso demais – tanto na montanha quanto no mercado. Aprendi a ser muito observador; entendi que isso economizaria tempo e estresse. Se existe um atalho para quem quer ter um negócio de sucesso, é esse. E nenhum outro.

11. A importância do silêncio.

Havia momentos em que os guias pediam que a gente não falasse para economizar energia. E esses silêncios duravam horas. Andávamos de oito a doze horas por dia. Eu era um dos que falavam muito na subida. Distraído com minhas próprias palavras, não percebia que estava gastando energia de bobeira. E o guia sempre me repreendia: "Pare de falar, Alan! Pare de falar, Alan!". Quando finalmente aprendi a ficar de boca fechada, comecei a refletir. Aprendi mais ali do que com aquela paranoia de ler um monte de livros, assistir a muitos vídeos, frequentar diversas palestras, seguir um monte de gente. Ouvir o próprio silêncio, às vezes, é mais produtivo e do que essa enxurrada de informação.

Esse ensinamento me preparou para desenvolver minha criatividade. A criatividade passa por um período chamado incubação. Se focarmos apenas no problema, a solução criativa não brota, não germina. Saia do problema e esvazie a mente – coloque-o no modo "silencioso" e as coisas começarão a fluir.

Toda informação que carregamos pode ser comparada ao alimento que ingerimos. Se a digestão de uma refeição não tiver acabado, se jogarmos mais alimento para dentro, passaremos mal e afetaremos nossa saúde. Quando estamos estudando para empreender, temos de nos alimentar de boa informação e colocá-la em prática, para não a represar de maneira improdutiva na mente.

Para crescermos com saúde, precisamos de comida boa e boa digestão. O excesso (até de comida boa) não digerido faz mal. A "digestão" da informação é a prática. (Esses dois últimos parágrafos nem são tanto sobre silêncio, mas agora já foi. Pronto, falei.)

12. Quanto mais você se desenvolve como pessoa, mais desenvolve seu negócio.

Na montanha, a lógica era treinar para desenvolver a força da mente, vencer limites, convencer a si mesmo de que é capaz de superar um grande desafio. Lembre-se de se desenvolver como ser humano ao mesmo tempo que se desenvolve profissionalmente. Nós somos corpo (a parte física), alma (sentimentos e emoções) e espírito (a conexão com o transcendental). Meu corpo necessita de proteínas, entre outras substâncias, para parar em pé; minha alma precisa de esperança, de bons sentimentos; meu espírito, da minha fé (não me refiro à religião, mas a acreditar em algo maior – o que faz tudo parecer mais leve).

Há um conceito no livro *Os segredos da mente milionária*, do empresário, palestrante e escritor canadense T. Harv Eker, chamado árvore da vida, o qual eu adoro. Ele diz o seguinte:

> *Imagine uma árvore. Suponha que seja a árvore da vida. Nela há frutos. Na vida, os nossos são os nossos resultados. Nós olhamos para eles e não gostamos do que vemos, achamos que os frutos que produzimos são poucos, muito pequenos ou que o seu sabor deixa a desejar. O que tendemos a fazer, então? A maioria de nós dedica ainda mais atenção aos resultados. Mas de onde eles vêm? São as sementes e as raízes que os geram. É o que está embaixo da terra que cria o que está em cima dela. É o invisível que produz o visível. E o que significa isso? Isso quer dizer que, se você quer mudar os frutos, primeiro tem que trocar as raízes. Algumas pessoas dizem que é necessário ver para crer. A pergunta que tenho para elas é: "Por que você paga a conta de luz?". Mesmo não vendo a eletricidade, você, com certeza, percebe e utiliza o poder que ela tem.*
>
> *Aprendi com a experiência que as coisas que não vemos são muito mais poderosas que as que vemos. Talvez você não con-*

corde com essa afirmação, mas tenho certeza de que você sofrerá se não aplicar esse princípio na sua vida. Por quê? Porque irá contra as leis da natureza que dizem que o que está embaixo do solo gera o que está em cima dele, o que é invisível cria o que é visível. Quando respeitamos as leis da natureza e cuidamos de nosso mundo interior, a vida flui suavemente. Em toda floresta, fazenda, pomar, é o que está embaixo da terra que gera o que está na superfície.

13. Cuidado com a segunda opção.

Havia um cara lá, um *porter* (um nativo da Tanzânia, país onde a média salarial é de U$ 50,00 por mês), que subia e descia a montanha carregando uma mochila de 20 kg para ganhar U$ 150,00 em uma semana. Só que ele tinha um problema na perna, um baita desvio. Subiu e desceu o percurso de mais de 100 km mancando o tempo todo. Eu fiquei observando o cara (que se chama Amadeus): ele, com 20 kg quilos; eu, com os meus seis quilinhos. Então, eu perguntei: "Como você consegue? Sua perna não dói?". Ele respondeu: "Claro que dói, mas com este trabalho eu cuido da minha família e ainda banco os estudos da minha filha nos Estados Unidos". A empresa que contrata os *porters*, chamada K2, ajuda a pagar os estudos de quem tem filhos estudando nos Estados Unidos. Por essa razão, Amadeus faz isso toda semana – ou seja, ele anda mais de 400 km por mês carregando 20 kg quilos na cabeça, montanha acima e montanha abaixo. Com aquela perna torta.

A lição que tirei dessa história: o perigo está na segunda opção. Explico. Amadeus faz esse sacrifício com muita garra e muito amor porque não tem uma segunda opção. Só assim, ele pode proporcionar uma vida um pouco melhor para a família e um estudo de qualidade para a filha. É sua única e melhor opção. Não tem para onde correr. É daí que ele tira seu superpoder, apesar das limitações. Quando a gente tem ou acha que tem uma segunda alternativa, começa a perder o foco naquilo que faz. No meio de um processo, a segunda opção envenena a primeira. Claro que não estou falando de quando a primeira opção é horrorosa. Nesse caso, é melhor mesmo buscar outra coisa mais gratificante. O que quero dizer é que duas ou mais opções dividindo sua atenção faz você correr o grande risco de se tornar medíocre e dispersivo naquilo que já desempenha.

Eu entrei para a área da beleza, da micropigmentação. Se estivesse com o coração metade na micropigmentação e metade na gastronomia, por exemplo, nas primeiras dificuldades da primeira meu cérebro começaria a martelar: "Abandone isso. Troque pela gastronomia, vai ser mais suave lá". E aí começariam as justificativas mentais: "O mercado disto aqui está saturado"; "Acho que vou ser mais feliz naquela outra coisa".

A vida é feita de escolhas. Quando você escolhe uma pessoa para se casar, "desescolhe" todas as outras. Na vida empresarial funciona da mesma forma. Se você decidir abraçar uma carreira ou um negócio, trabalhe como se isso fosse sua melhor – e única – opção. Faça como Amadeus.

14. Surpreenda nos detalhes.

Uma coisa com a qual eu fiquei de cara lá foi o capricho nos detalhes: quando o grupo ia jantar, eles montavam uma barraca, faziam a comida com perfeição e, na barraca que servia de refeitório, montavam uma mesa com toalha e uma vela – tudo muito charmoso e aconchegante. Detalhes assim faziam a gente não se sentir tão mal lá em cima. Eles nos acordavam às 5h da manhã e serviam café, chocolate quente... Aquele agrado quentinho àquela hora, naquela temperatura abaixo de zero, era uma coisa dos deuses. Até a água que tínhamos de usar para lavar as mãos era preaquecida na fogueira.

A gente costuma achar que precisa fazer coisas caras, complicadas e mirabolantes para agradar aos outros, principalmente nossos clientes. Mas não. Eu criei um *cappuccino* para servir aos clientes que era minha "receita secreta" (na verdade, foi uma funcionária que me ensinou). Havia quem ia ao salão só para tomar o tal *cappuccino* – ele tinha tanta "sustança" que servia como almoço.

Muitas vezes, não vão se lembrar da qualidade do seu produto ou do seu serviço. Você pode até ser superado pela concorrência em técnica, em preço... No entanto, se conquistar o coração dos seus clientes nos detalhes, jamais será esquecido.

15. A foto de cinco segundos.

Eu estava subindo ao lado de um médico, um cirurgião vascular chamado Charles, com quem fiquei bastante tempo, um cara muito bacana. No terceiro dia, já estava pregado quando percebi a vista surreal que tinha como fundo o pico do Kilimanjaro. Sem vacilar, ele pediu: "Tira uma foto minha?". Tirei. "Quer que eu tire uma sua também?", ele me perguntou. De tão cansado, demorei cinco segundos para responder. Foi tempo suficiente para uma nuvem entrar na frente do Kilimanjaro e acabar com aquele visual mágico. Eu vi a foto dele e fiquei maluco: "Agora quero uma foto minha de qualquer jeito". Esperamos um minuto e nada. Cincos minutos e nada. Dez minutos... e o guia gritou: "Não podemos esperar vocês, temos que subir. Move!". E aquela ficou sendo a foto mais incrível que eu nunca mais vou ter na minha vida.

Moral da história: seja rápido. Quer algo? Faça logo. Precisa de algo? Resolva logo. Gostou de algo? Dê um jeito de conseguir. Pense um pouco menos e aja muito mais.

16. Você pode deixar sua montanha mais leve.

O Kilimanjaro era frio, era quente, era difícil, era lindo, às vezes era torturante. No entanto, os guias condicionavam nossa mente para o lado feliz, alegre e belo daquela jornada com música, dança, brincadeiras, risadas. Os líderes da escalada eram muito inteligentes e iam trabalhando nosso psicológico em função do contexto de cada momento.

No seu negócio, você terá de ser essa pessoa. Precisará motivar seu time e você mesmo em cada cenário, por mais difícil que pareça.

17. A lição de Hommy.

Hommy era um coach indonésio de seus 30 anos que estava bem acima do peso. Antes de iniciar a escalada, os guias formaram quatro turmas de dez pessoas. Hommy foi escolhido para fazer parte da que sairia por último. Por sua condição física, teve de ter ao seu lado um guia só para cuidar dele. E foi ficando para trás, mas foi valente. Desistir não estava em seus planos. Hommy respeitou seu ritmo, os seus limites e fez o melhor que pôde.

Às vezes, você vai ter de andar sozinho ou sozinha, sabendo que os outros já estão lá na frente. Não desanime, isso não significa que você não vai chegar. É importante manter seu melhor ritmo. Se Hommy tentasse correr, teria parado nos primeiros metros. O mundo dos negócios não é uma corrida de 100 m, mas uma escalada que não tem fim. Andar um pouco por dia é a melhor estratégia. De preferência, contemplando a paisagem.

18. A maior lição de todas.

O programa da expedição era composto de duas partes: a primeira etapa era uma visita a um orfanato na Tanzânia; a segunda, a escalada em si e toda a preparação que ela exigia. E você pode perguntar: “O que visitar um orfanato tem a ver com escalar uma montanha?”. A K2 mantém um orfanato no país há muitos anos, para cuidar de crianças muito pobres, abandonadas e, principalmente, perseguidas (olha isso: lá, as crianças albinas correm o risco de ser sacrificadas em rituais de magia negra).

Antes de sair do Brasil, eles pediram para a gente fazer compras para essas crianças. Eu preparei uma mala para mim e uma para elas, cheia de brinquedos. Peguei meu voo com destino à Tanzânia, uma viagem longa. Quando cheguei ao aeroporto de lá, de madrugada, uma agente local pediu a nota fiscal da mala de brinquedos. Aquele é o aeroporto mais precário que eu já vi na vida. Eu, sozinho, no meio daquele local sinistro. "Minha senhora, não tenho a nota fiscal, porque são presentes muito baratos. Se somar tudo, não passa de U$ 200,00." "*Sir*, eu quero a nota." Eu, no maior bagaço, retruquei, achando que ia comovê-la: "Eu trouxe tudo isso para as crianças daqui". Que nada. "Se é para as crianças ou não, não me interessa. Este país tem ordem e você precisa respeitar. Esta mala vai ficar presa aqui. Só vou liberar a sua." Foi um dos piores sentimentos que eu tive na minha vida. Estava indignado por saber que eu queria ajudar aquela gente tão necessitada e não podia.

Deixei a mala lá e fui para a pousada sozinho. No caminho, além da frustração e da indignação, senti vergonha, me imaginando chegar ao orfanato de mãos vazias. Criança não entende de leis. A visita foi no dia seguinte. As crianças estavam todas enfileiradas esperando a gente. Mais de duzentas, todas arrumadinhas, bonitinhas... Nosso jipe parou, descemos e elas vieram em nossa direção e nos abraçaram, pegaram na nossa mão, os olhos brilhando. Todos os outros participantes tinham levado brinquedos, menos eu. Aí, o mais incrível aconteceu. Percebi que elas não estavam nem aí se eu tinha presentes para dar a elas ou não. Elas queriam brincar comigo, interagir; queriam atenção, queriam carinho. A minha ficha, então, caiu: eu não fui levar, fui receber. Eu estava sendo ajudado, presenteado; elas estavam me dando algo valioso. Recebi amor verdadeiro, genuíno, desinteressado, porque eu não tinha nada para dar em troca. Foi um choque. Meus olhos se enchem de lágrimas só de lembrar.

Sempre pergunte ao seu cliente o que é realmente importante para ele. Para sua surpresa, quase sempre seu cliente quer algo muito mais simples do que você imagina. Percebi que eu fazia alguns investimentos altos e não tinha retorno. O problema era não conhecer a necessidade real do meu cliente. E você só vai ter essa resposta perguntando a ele.

Encontre o seu Kilimanjaro. Admire o cume, pois ele é sua meta. No entanto, não olhe para ele o tempo todo (na montanha, podíamos fazer isso só uma vez por dia), porque senão bate a sensação de que você anda, anda, anda e não sai do lugar. Quando isso acontece, você não vive o momento, não curte a jornada. Dê um passo de cada vez, saboreie o processo. Até porque a caminhada é longa (no Kilimanjaro, oito dias de caminhada e menos de meia hora no cume), mas pode ser maravilhosa.

RECEITA SECRETA DO *CAPPUCCINO*

- *2 latas de leite Ninho em pó*
- *1 $^{1}/_{2}$ caixa de chocolate do Padre em pó*
- *1 sachê de Nescafé solúvel*
- *1 pote de capuccino 3 Corações*
- *600 g de açúcar*
- *1 $^{1}/_{2}$ colher de chá bicarbonato de sódio*
- *1 $^{1}/_{2}$ colher de chá de canela em pó*

Modo de preparo

Peneirar todos os ingredientes, misturar muito bem e acrescentar uma pitada de amor.

AS ESTRATÉGIAS DE MARKETING DO RAPAZ DA GOIABINHA

CAPÍTULO 8 →

uma bela noite, a Marcela estava com desejo de comer cachorro-quente. Ela já estava grávida – e aprendi desde cedo que não é bom contrariar uma mulher, ainda mais grávida! Ela lembrou que um trailer, localizado na avenida Nove de Julho, em Jundiaí, perto de casa, vendia um sanduíche simples, prensado, e sugeriu que a gente comesse lá mesmo, em vez de levar para viagem. "Assim, ele fica mais gostoso", disse.

Beleza. Fomos até lá, fizemos o pedido e recebemos uma fichinha com a senha de espera. Enquanto a gente esperava ansiosamente chamarem nosso número (ela estava com desejo e eu, com muita fome), um rapaz se aproximou. Pediu desculpas por incomodar e se apresentou: "Como vocês estão? Estão bem? Vocês são um casal lindo. Eu trabalho vendendo estes deliciosos biscoitos de goiabinha que minha esposa faz em casa. Gostaria muito que vocês provassem".

Dava para ver que era um cara humilde, mas que cuidava de sua apresentação: na medida do possível, estava muito bem-arrumado. Usava cinto, camisa dentro da calça, sapatos engraxados... Senti também que ele não estava ali só para vender e pronto. Ele queria conversar, conquistar a clientela, e gostava mesmo disso.

O rapaz tirou uma goiabinha do pote de plástico e me entregou. "Uma é sete, duas é dez". Provei e adorei: "Quero duas". Ele, então, deu o toque final no seu processo de venda: "Casal bonito, vou fazer o seguinte: como já está na hora de encerrar e como vocês foram muito bacanas, farei três pelo preço de duas". Achei gentil e barato, três porções de doce por R$ 10,00. Dei uma nota de R$ 50,00 e insisti para ele ficar com o troco.

Naquele momento eu senti algumas coisas que, mais tarde, pensando sobre o episódio, elaborei melhor na minha cabeça. O rapaz da goiabinha sabia, talvez intuitivamente, acionar vários gatilhos que aprendemos nos melhores cursos de marketing.

O primeiro: ele não tem uma empresa com balcão, portanto foi usar o de outra pessoa (provavelmente, já tinha pedido licença para o dono do trailer). Ele mostrou que uma estrutura, claro, é bem-vinda, mas não é essencial. O fundamental é procurar clientes, ainda que para isso seja preciso usar, no início, a "infra" dos outros.

O segundo: a hora da abordagem foi certinha, porque estávamos de bobeira, esperando o lanche ficar pronto. Quando começou a falar da goiabinha – como gente, e não como um robô –, nossa atenção foi toda para ele.

Terceiro: o produto tinha mesmo muita qualidade, não era só papo de vendedor. Ele sabia disso, porque deu um para provarmos sem custo nenhum – e com toda a confiança do mundo: "Você está preparado para comer o melhor biscoito de goiaba de sua vida?", perguntou, condicionando nosso cérebro a achar que aquilo era bom mesmo. Depois de tudo isso, seria impossível questionar.

"O melhor biscoito de goiaba de sua vida." Tem mais coisas nessa frase. Ela mostrava que o casal que produz os biscoitos é especialista, porque vende uma coisa só. Ele não me ofertou um cardápio grande – ao contrário. Como a mulher só fazia biscoitos de goiaba, meu cérebro montou a imagem de uma superespecialista – a melhor confeiteira de goiabinhas que existe na Terra.

O rapaz disse ainda que a mulher cozinhava todo dia. Senti que o produto dele não era industrializado. Que nele havia amor, frescor, qualidade. E também não teve vergonha de me dizer que vivia daquilo, e era o que ele e a mulher amavam. Fiquei impressionado com o capricho daquele vendedor em toda a sua abordagem. Ele fez o melhor que podia nas condições de que dispunha.

Depois que comprei e paguei os biscoitos, ele me passou o número de seu celular. "Se você mora aqui perto e quiser mais, posso entregar de bicicleta na sua casa". Ele também fazia delivery e pós-venda. Gênio.

Comi o cachorro-quente e levei as bolachinhas para casa. No caminho, devoramos quase todas. Além de todos esses gatilhos que ele acionou, entendi que costumamos associar o fato de ter uma empresa, um negócio próprio, à existência de uma estrutura física. Não quero dizer que para empreender a estrutura é absolutamente dispensável, mas que isso não é tudo. Na maioria dos negócios, um local físico para chamar de seu não é fator determinante.

Quem quer empreender deve, em primeiro lugar, investir seus recursos em sua educação e capacitação; depois, empregar isso na busca de clientes. Um erro grande que vejo muita gente cometer é pegar o pouco dinheiro que tem e torrar tudo na estrutura física do negócio, às vezes, até com frescuras supérfluas. O cliente pode estar se lixando para isso.

Quem quer empreender deve, em primeiro lugar, investir seus recursos em sua educação e capacitação; depois, empregar isso na busca de clientes.

O rapaz da goiabinha foi criativo. Ele não ficou esperando uma condição melhor – uma loja, um trailer, um quiosque – para fazer o que tinha de ser feito. Ali, num ponto que não era seu e que, portanto, não custou nada a ele, aprendeu a negociar, a conquistar clientes.

Toda vez que empreendemos, cometemos erros. É melhor errar no começo, quando o tombo é menor, do que errar quando a empresa já está grande. O vendedor de goiabinha ainda pode cometer pequenos erros, corrigir e seguir adiante, cada vez mais forte. Hoje, ele pode lidar com questões como: "A matéria-prima estraga depois de quanto tempo? Tem sobrado ou faltado? É a melhor que existe? Ou dá para encontrar outra melhor sem aumentar o custo?". Também é possível, veja só, entender sobre ponto – embora ele nem tenha um. "Onde vende mais? Em que horário os consumidores estão mais propensos a comprar um doce?"

Com pouco investimento, o rapaz da goiabinha já passou a lidar com questões importantes de vendas: do que as pessoas gostam e do que não gostam? Começou, também, a ter noção de logística: quanto consegue vender com a estrutura atual? Quanto deve manter em estoque para não sobrar nem faltar? Quanto tempo dura o produto pronto antes de estragar ou perder a qualidade? E a matéria-prima?

Tudo o que ele vivencia todos os dias vendendo goiabinha serve a ele como aprendizado. E, se for realmente esperto – como me pareceu ser –, está anotando todos esses ensinamentos (insights) diários. É muito melhor aprender sendo pequeno. Ao crescer, já terá tido a oportunidade de ajustar aqueles erros e não vai cometê-los novamente.

É certo que todo empreendedor vai errar, sendo pequeno ou grande, mas, se já começa grande, o tombo será maior. E já vi muita gente tomar tombo grande e nunca mais recomeçar.

Na área de beleza, comecei empreendendo no meu apartamento – que não era muito maior que o trailer de cachorro-quente. Comprei uma cadeira de salão, parcelei em doze vezes de R$ 160,00 – o que, na época, era uma grande dificuldade para mim. Coloquei essa cadeira dentro de um quarto do meu apartamento. Nessa época, eu trabalhava no salão durante o dia e ministrava algumas aulas de design de sobrancelha à noite ou às segundas-feiras em casa. E ainda fazia um curso de maquiagem no Senac.

Confesso que tive vergonha de trazer pessoas para dentro da minha casa e fazer as alunas subirem quatro andares sem elevador. Senti vergonha dos momentos em que elas pediam água e eu ia até a cozinha buscar, pois não havia um bebedouro. Queria ter um *backdrop*[9] para elas poderem tirar foto depois de seus trabalhos, como havia nas escolas grandes... mas não tinha.

Acredito que nós provocamos as oportunidades, não adianta ficar esperando por elas. No entanto, o que significa exatamente provocar uma oportunidade?

As minhas colegas de curso no Senac falaram que estavam fazendo maquiagem, mas que a sobrancelha não estava boa. Eu disse que podia ajudá-las e que, se todas fechassem comigo, ofereceria a eles um valor especial. Prometi tudo sem ter um lugar para atendê-las caso aceitassem. E elas aceitaram.

Foi então que comprei a cadeira e, com vergonha ou não, botei a mão na massa. Preparei minhas apostilas no Word, os crachás das alunas e recortei tudo à mão. Eu as avisei de que preferia dar as aulas de forma exclusiva, para que aprendessem melhor – mas a verdade é que só cabia uma aluna por vez naquele apartamento minúsculo. Determinei que seriam dois dias de curso e que elas podiam levar a modelo. E foi ali, naquele aperto, que tudo começou a acontecer.

Depois de um tempo, achei que era hora de ir a um espaço maior, mas ainda não dispunha de condições financeiras para isso. Encontrei, então, um lugar que me pareceu apropriado: o salão de um hotel que ficava perto de casa. Ele era muito simples, mas bem aconchegante. E, o mais importante, o aluguel saía muito mais barato do que o de um salão.

Passei a dar os cursos de design de sobrancelhas lá. Como no salão não havia cadeiras apropriadas, eu pedia para minhas alunas levarem, como parte da lista de material, um encosto de pesco-

---

9 [N.A.] Painel usado para tirar foto com alguma imagem de fundo.

ço daqueles de viagem ou um travesseiro. Elas usavam aquilo para atender às modelos nas quais treinavam.

Em seis meses, já tinha por mês duas turmas de quinze alunas no hotel. Com o dinheiro que juntei, comprei um Fiat Doblò, um carro que pode ser tanto de passeio quanto utilitário. Transportava todos os materiais das aulas nele. No dia anterior a cada curso, eu e minha esposa enchíamos a Doblò com apostilas, materiais das designers, encostos de cabeça, água, cesto de lixo, toalha para mesa, toda a cenografia do local, banner, tripé, impressora – montávamos o cenário todo. Na data de estreia, Marcela recebia as alunas e os alunos e me apresentava: "Agora, com vocês, o Alan". Eu esperava do lado de fora da porta pelo chamado, entrava e iniciava o curso. Ela me dava todo o suporte. Quando terminavam as aulas, eu entregava o certificado e minha esposa tirava uma foto minha com as alunas. Quando o curso acabava, desmontávamos tudo. Foi assim por cinco anos, em todos os finais de semana.

Por alguns anos, não tive folga, e as aulas duravam o dia todo. Passei, aos poucos, a ir aumentando o valor do curso. E o número de alunos foi crescendo. Comecei a ganhar mais dinheiro, a construir minha vida e meu próprio espaço.

Há muitos fatores que impedem a pessoa que quer empreender de dar o passo inicial. Um deles tem a ver com o orgulho, o ego. Muitos limitam seus passos porque acham que não têm "bala" suficiente para montar tudo do jeitinho que acreditam que tem de ser, principalmente quando se trata da estrutura, do lugar, do endereço, do seu castelo.

Cada vez mais, o mundo caminha em direção à personalização dos serviços. Se antes o cliente de um salão de beleza, por exemplo, valorizava um lugar fino, hoje ele quer conforto, aconchego, como se o espaço fosse uma extensão da casa dele, em que ele tem paz. Nós, empreendedores, não podemos pensar só no produto que estamos vendendo, mas no contexto completo. Não é apenas sobre vender sobrancelha – é a experiência toda.

Inventei um conceito chamado "sobrancelhoterapia". A meta do micropigmentador é desconectar a pessoa do mundo externo quando ela está em sua cadeira. Essa é a nossa obrigação. Se conseguirmos isso, ganhamos a cliente. A fidelidade é consequência da entrega do todo, não apenas da qualidade do produto.

Houve um tempo em que eu, já no meu salão com cabeleireiro e manicure, sugeri a uma cliente: "Você não quer aproveitar e fazer sua unha?". Ela me agradeceu, mas respondeu: "Mesmo não gostando da unha que a minha manicure faz, não tenho coragem de deixá-la". Não perguntei para ela, mas suspeito que era porque a manicure a fazia sentir-se tão bem que ela não podia trair aquela mulher. O que o cliente quer é se sentir especial.

Há muitos fatores que impedem a pessoa que quer empreender de dar o passo inicial. Um deles tem a ver com o orgulho, o ego.

Muita atenção: isso não pode ser forçado. Como o vendedor de goiabinha me mostrou, tem de ser natural, espontâneo. A palavra da vez é autenticidade. Os indivíduos consomem cada vez mais as coisas em que de fato acreditam.

O segredo dos negócios está nos detalhes (e sobre isso eu vou falar mais no próximo capítulo). O seu produto pode ser ótimo, mas saiba que isso não é suficiente para a fidelização. Você não surpreende o cliente apenas oferecendo um produto de qualidade – afinal, isso é o que ele espera quando compra algo ou consome um serviço, independentemente do preço que está pagando. Não é aí que você vai surpreender.

Eu falei sobre experiência. Notei que as clientes gostam de chegar aos lugares que frequentam e tomar um bom café. Pensei, então, em preparar um café diferente, para que cada uma delas se sentisse especial. Então, criei um ambiente que relembrava a infância, com coador de pano em vez de máquina. Pedi à minha avó para assar um bolo de fubá com erva-doce. As clientes me diziam que aquilo as fazia se lembrar da própria mãe ou de suas avós. Com simplicidade e custo baixíssimo, mas com capricho e atenção aos detalhes, conquistei o coração daquelas mulheres.

A outra sacada foi o *cappuccino* "secreto", sobre a qual já falei no Capítulo 7. O que não contei é que, quando me pediam a receita, eu dizia que, como era secreta, não podíamos dar. Na verdade, porém, havia muitas cópias dela na recepção. A recepcionista entregava uma cópia à cliente quando ela estava de saída – e esta ia embora toda feliz. Era uma pequena surpresa, uma coisa simples, mas cujo efeito era enorme.

Viu só? Goiabinha com café faz bem para os negócios!

OS SEIS PRINCÍPIOS DA PERSUASÃO:

Afinidade.
Autoridade.
Coerência.
Escassez.
Prova social.
Reciprocidade.

(Robert A. Cialdini, *As armas da persuasão*, publicado pela Editora Sextante, em 1984)

OS DETALHES NÃO SÃO TÃO PEQUENOS ASSIM

CAPÍTULO 9 →

O empresário – e gênio – norte-americano Walt Disney disse, certa vez, que era divertido fazer o impossível. Talvez não tenha faltado diversão, portanto, na construção do impecável império que ele levantou. A Walt Disney Company é uma das maiores do mundo no ramo do entretenimento, tanto na produção de filmes quanto na criação de parques de diversão. A perfeição, na Disney, assim como o diabo, mora nos detalhes.

Encantamento é a palavra-chave do negócio que começou na década de 1930. Disney sempre soube que o segredo de sua empresa residia nas pessoas que faziam parte dela; por isso, investiu desde o início no desenvolvimento de cada uma. A empresa pagava a seus funcionários cursos em uma instituição de arte e, já em 1932, criou a Disney Art School – na qual, além de aulas, os alunos tinham acesso a palestras com grandes personalidades.

Os programas de treinamento e desenvolvimento evoluíram para a Disney University, criada pelo próprio Walt Disney em 1955 – uma das instituições de ensino corporativo mais antigas que existem. De tão conceituada, hoje ela não é frequentada apenas pelos funcionários ou futuros colaboradores do conglomerado, mas também por empreendedores ou executivos do mundo todo.

Tive a oportunidade de frequentar aulas da Disney University em setembro de 2019, de onde voltei absolutamente inspirado pelo que vi e aprendi. Lá, tudo tem a ver com detalhes. Por amar tanto o que faço e por entender que o cliente valoriza muito as pequenas coisas, decidi participar de uma imersão: por uma semana, aprendi tudo o que se passa não só nos bastidores da Disney, mas também em corporações icônicas como Apple e a rede de supermercados norte-americana Whole Foods, que são bem-sucedidas porque trabalham a cultura e o DNA delas em seus colaboradores. É uma verdadeira aula de como instalar uma cultura dentro de uma empresa.

Se você não sabe com muita clareza por que faz o que faz, seus colaboradores e clientes saberão menos ainda, conforme já afirmei. As pessoas consomem seu produto ou serviço justamente pelo seu porquê. Elas compram causas, e não apenas produtos. Se você consegue expor sua causa, a razão pelo que faz aquilo, não faltarão consumidores para você.

Nessa imersão, ficou claro para mim que o grande lance é a luta que as grandes companhias travaram para decidir exatamente isto: por que vendem o que vendem. A Apple, por exemplo, diz que tem a mesma matéria-prima dos concorrentes. O que, então, leva pessoas a passarem a madrugada nas filas para comprar um celular que está sendo lançado por um preço maior que o da concorrência? Eles definiram o propósito e fazem treinamento contínuo dos colaboradores e campanhas externas para os clientes a fim de mostrar isso. Steve Jobs afirmou que o negócio dele não era vender celular, mas conectar as pessoas.

Dinheiro a gente ganha, mas não é sobre isso – é sobre mudar o mundo. Se acordar com a mentalidade de mudar o mundo, você ganhará dinheiro; contudo, se sair da cama com a mentalidade de ganhar dinheiro, não fará nada. O lucro é um subproduto do propósito. Perguntei como a Apple lidava com o fato de outras empresas imitarem o que eles faziam e ouvi como resposta que a imitação é a melhor forma de elogio. Enquanto os concorrentes da Apple vendem seus produtos explicando a parte técnica deles, a empresa fundada por Steve Jobs exalta a emoção do consumidor.

Embora justifiquemos nosso consumo de maneira racional a nós mesmos e aos outros, a decisão de compra é sempre emocional. Quando uma concorrente vende telefone, ela foca na quantidade de *megapixels*, obturador da câmera, entre outros detalhes técnicos. A Apple, por sua vez, vende a imagem de um pai registrando o filho crescendo ou de alguém fotografando um casamento, por exemplo. Não se restringe, portanto, às características do produto, e sim ao registro, ao momento, à emoção.

Nessa viagem, aprendi que, se quisermos sobreviver nos tempos atuais, temos de nos adaptar com rapidez. Não basta sonhar, é necessário agir. E a simplicidade não é simples – ao contrário: o simples é difícil de fazer. A ideia é tentar simplificar o complexo.

A Disney é um universo à parte. O objetivo deles é tornar seus parques um modelo de destino número um das pessoas. A proposta deles é competir até com bufês infantis – em vez de fazer festinha em um bufê para cinquenta pessoas, eles querem que o aniversariante vá com quatro, cinco amigos à Disney World.

O modelo de negócio deles funciona por causa de vários fatores, mas eles entendem que um dos principais é ter seu propósito bem definido. Embutir sua cultura em todos os colaboradores, com treinamento contínuo, é quase uma obsessão deles. Na Disney University, os colaboradores, não importa o cargo, devem saber inclusive como se limpa o chão do parque, e eles treinam em balcões que simulam os do parque, para praticarem.

Fui para lá com trinta empresários de diferentes áreas: havia gente que trabalhava com eventos e hotelaria e até médicos e dentistas. Implantar uma cultura em uma empresa não é nada fácil. Algumas quebram tentando isso. O empresário faz um curso, volta motivado e cheio de ideais, mas como não dispõe das ferramentas e os colaboradores não estão inseridos no contexto, seu negócio não muda, voltando a ser o que era.

Uma das dicas que recebi na Disney University foi a seguinte: se você decidir criar e implantar uma cultura na sua empresa, tem de ser resistente e paciente até o fim. As pessoas precisam entender por que aquilo vai ser melhor para elas. Os que não se enquadrarem na mudança, não tem jeito, devem ser desligados.

A Disney criou um negócio com foco no cliente. A proposta é oferecer a melhor experiência ao consumidor, e a companhia é totalmente comprometida com isso. Há, por exemplo, algumas Brancas de Neve espalhadas pelo parque, para que o pequeno fã que queira conhecer a personagem ou tirar uma foto com ela não precise procurá-la naquele espaço enorme.

Os funcionários caracterizados, quando expostos, ficam completamente à disposição dos frequentadores do parque. Estão lá para servir e são treinados para que o cliente tenha a melhor experiência possível e a foto, por exemplo, saia perfeita: o fundo é cuidadosamente escolhido a fim de que a imagem pareça um cartão-postal, sem que ninguém esteja passando atrás; a princesa se abaixa até estar à altura da criança, quase ajoelha no chão, e gesticula (a famosa "mão de princesa") na posição correta a fim de não tampar nada importante.

Na Disney, há uma preocupação com a perfeição na experiência do visitante: venda, que, a todo momento, está presente, porém sem parecer forçada.

Há um motivo para toda a preocupação com a perfeição na experiência do visitante: venda, que, a todo momento, está presente, porém sem parecer forçada. O parque induz a compra de suvenires, itens de alimentação, brindes e elementos de divulgação.

Walt Disney dizia que a perfeição não é para ser vista, mas para ser sentida. E lá tudo é exatamente assim. Para se ter ideia do capricho dele, o Castelo da Cinderela tem 189 pés de altura – ou 57,6 m de altura –, porque, se fosse mais alto que 200 pés, seria necessário instalar sobre ele uma luz de sinalização vermelha piscante, para segurança das aeronaves. O castelo só não é mais alto, portanto, para que aquelas luzes não estraguem seu visual, sua magia. Para que pareça maior, porém, o parque dispõe de alguns truques: em sua base há tijolos maiores, que vão diminuindo nos andares mais acima; além disso, sua inclinação também o faz parecer mais imponente.

Na entrada do parque, colaboradores distribuem *pins* (aqueles broches) conforme a característica do visitante: se é a primeira vez que vai à Disney, se está fazendo aniversário, participando de uma reunião de família ou celebração. E sabe o que é mais importante? O *pin* serve para que os próprios colaboradores entendam quem você é e o motivo de sua visita. Se estiver fazendo aniversário e entrar em uma loja, por exemplo, a canção "Happy Birthday to You" pode começar a tocar e um funcionário pode dar a você um presente.

Take 5 é como a Disney denomina o instrumento de maior "encantamento" da empresa – isto é, sua missão em relação a seus consumidores –, e cada colaborador deve distribuir alguns deles por dia, como uma cortesia. Trata-se de uma meta diária (chamada "gatilho de reciprocidade" no marketing digital), que estabelece que cinco minutos do dia sejam reservados a algum visitante do parque. O consumidor, assim, é surpreendido de tal forma que, quando pensar em uma viagem novamente, não deixará de considerar a Disney como um possível destino. Tudo é feito naturalmente, para que não pareça planejado nem forçado.

Saí pensando o que seria um *Take* 5 na minha empresa, e veio em minha mente uma situação hipotética. Imaginei que eu poderia disponibilizar uma verba mensal de *Take* 5 para cada vendedor. Explico. Vamos supor que uma cliente nos telefone e compre um curso meu, dizendo, meio por acaso, que as aulas serão iniciadas no dia do aniversário de seu irmão. O vendedor pode perguntar, também como quem não quer nada, do que o irmão dela gosta.

Imagine, então, que ela responda: "Ele adora Fórmula 1". Esse vendedor, então, pode comprar uma revista de F-1 para presenteá-la, deixando claro que se lembrou do que ela disse ao telefone. Uma coisa muito simples como essa é capaz de gerar um laço absurdo de fidelização. É isso que transforma um cliente em um fã.

Se o empreendedor não tem dinheiro para investir no *Take* 5, ele pode distribuir cortesias. O segredo está no capricho – ou, como gostava de pensar Walt Disney, no detalhe. Não basta dar um panfleto para a pessoa dizendo que ela tem 10% de desconto na próxima compra. É preciso criar um contexto para a entrega. Quando a cortesia é individualizada, o cliente se sente mais especial.

Como se cria a magia na Disney? Isso, como ficou claro para mim, tem a ver com o servir. E o que é servir? É a entrega. Esta, por sua vez, está relacionada à paixão pelo outro – que, por sua vez, tem a ver com o propósito – e este, por fim, é o seguinte: por que a empresa nasceu e por que ela vive?

Para a Disney, que conta há décadas a mesma história e continua atual, a ideia é criar felicidade. Saí de lá pensando que é preciso nos perguntarmos o que de fato nossa empresa cria, o que ela faz e para quem. É importante ter isso bem definido para que as pessoas se conectem com seu negócio. E isso tem de ser emocional. A missão da Disney, por exemplo – criar felicidade –, é totalmente emocional. É preciso que as pessoas sintam isso. Pense o que seus clientes buscam.

A Disney tem alguns métodos e critérios de recrutamento para encontrar o colaborador perfeito, quem de fato sentirá paixão em trabalhar lá, os quais registro a seguir.

1. A pessoa, antes de ter seu currículo ou talento examinado, deve mostrar atitude e caráter.

2. Durante o recrutamento, a Disney pesquisa se o candidato acredita nos mesmos valores que a companhia.

3. Os avaliadores fazem de tudo para que aquele que está sendo avaliado no processo de seleção desista – afinal, só é recrutado quem quer muito trabalhar lá.

4. Por fim, a competência do candidato é, então, avaliada. Sim, este é realmente o último quesito.

Há quatro padrões principais de serviço, os quais a Disney batalha para que sejam inseridos no DNA de todos os seus colaboradores. Eles têm uma ordem de importância e de implementação:

1. **segurança;**
2. **cortesia;**
3. **show;**
4. **eficiência.**

A segurança é o principal ponto e no qual a Disney investe muitos recursos. Se, por exemplo, alguém subiu em uma grade para tirar foto, o segurança chama sua atenção uma vez. Se esse ato se repetir, a reprimenda será mais firme. Os colaboradores aprendem a ser muito rigorosos para respeitar esse padrão.

No quesito cortesia, seu padrão não está relacionado apenas ao *Take 5*. Se você está passeando pelo parque e sua pipoca cai no chão, por exemplo, o funcionário que viu a cena rapidamente entregará a você outro saquinho de pipoca. O mesmo acontece com o sorvete. E isso é verdade, porque eu mesmo fiz o teste: deixei minha pipoca cair e recebi outra. Além disso, o funcionário limpou a minha sujeira.

Eu tinha a ideia de que a qualidade do show era o principal padrão a ser seguido na Disney, mas descobri que é esse é apenas o terceiro item. E que, por fim, eles prezam pela eficiência.

Perguntei: "Mas não é mais importante sermos eficientes?". A resposta foi a seguinte: "Se priorizarmos a cortesia, o cliente vai se sentir mais satisfeito".

É importante que você relacione em sua empresa a lista de padrões de serviço e, mais importante, a ordem deles. Entenda o que vai gerar mais conexão do cliente com você, e não o que você acha mais bacana.

Há algumas curiosidades sobre a Disney, que eu quero compartilhar com você.

1. A frase mais ouvida nos bastidores da empresa é: "Pay attention to details to exceed the expectations" ("Preste atenção aos detalhes para superar as expectativas"). Lá, o detalhe é, nunca é demais repetir, uma forma de arte. Ouvi que Walt Disney andava de olhos fechados pelas diversas áreas do parque; se não sentisse o ambiente em que estava, mandava trocar tudo. Na Disney University, os professores treinam as pessoas a ter o mesmo "feeling para o detalhe" que o fundador do império tinha.

2. Muito se falou sobre o sorriso do colaborador. Se você estiver no parque e cruzar o caminho de alguém, certamente vai receber um sorriso e um cumprimento. Isso é parte do "uniforme" dos funcionários.

3. Quando resolveu criar um parque de diversões, Walt Disney não queria que ele sofresse do mesmo mal dos demais estabelecimentos do gênero: a sujeira. É impossível, portanto, encontrar por lá algum lugar sujo. Os lixos têm sensores. Quando os dejetos alcançam 80% do limite, um sinal soa

para os coletadores, que os levarão para uma área reservada, em que há sistemas subterrâneos para que o lixo seja entregue a uma estação de tratamento. Essa ação evita, inclusive, cheiro ruim.

4. A estátua de Disney de mãos dadas com o Mickey é a mais fotografada do parque. E os funcionários têm um cuidado absurdo com ela. Um colaborador é designado para ficar de olho apenas nela e limpar eventuais obras de passarinho. É o capricho levado à obsessão.

5. Não existem mosquitos por lá. Insetos não são só inconvenientes, mas também transmissores de doenças. Estando na Flórida, onde o clima é quente e a área é pantanosa, como isso foi possível? O parque tem o Programa de Vigilância de Mosquitos, que é o seguinte: os funcionários monitoram a presença de pernilongos usando armadilhas com dióxido de carbono (sempre que um inseto é capturado, ele é analisado para detectar a presença de doenças). Também controlam animais que se alimentam dos mosquitos – como galinhas, que vivem em locais estratégicos. Fazem uso da própria cadeia alimentar para isso.

6. Em alguns pontos há espelhos – e não servem apenas para nós nos admiremos. São para que os funcionários analisem a própria aparência, se a roupa está caindo bem, se não estão sujos.

7. As paradas são também levadas muito a sério. Os coreógrafos ensaiam das 23h às 7h da manhã, já que a produção do parque trabalha vinte e quatro horas. Todo **backstage** é projetado para que o visitante não o enxergue. Os carros que auxiliam as paradas ficam escondidos, e árvores disfarçam os elementos que não devem aparecer.

8. A expectativa de quem está assistindo é o todo. Os carros alegóricos têm vida útil de cinco a oito anos e passam por revisões diárias. Funcionários checam sua pintura e mecânica. Imprevistos não são bem-vindos. Antes de o parque abrir, tudo está checado. Se houver algo errado, a manutenção é acionada para corrigir o problema.

9. Quando um visitante pede uma orientação espacial a um funcionário, ele vai apontar dois dedos na direção em que a pessoa deve ir. Isso suaviza o movimento: um dedo pode soar rude, com um ar de acusação.

10. Antes de escolherem carpete para um dos hotéis do complexo, a Disney instala parte desse carpete em locais de intenso trânsito de funcionários. Assim, checam a durabilidade do produto para concluir se ele pode ser ou não instalado no hotel.

Você pode dizer: "Não sou Walt Disney, não tenho o dinheiro dele". Tudo bem: a ideia é fazer o melhor nas condições que você tem. Não queira ser bom em tudo. Walt Disney era um cara criativo, mas não entendia nada de finanças. Muita gente diz que o sucesso do seu império se deve muito ao irmão dele, Roy, que era o administrador. Minha última lição na terra do Mickey: é preciso entender a nossa expertise e terceirizar as áreas sobre as quais não entendemos – daí a importância do time, sobre o qual falarei no próximo capítulo.

“Você pode sonhar, criar, desenhar e construir o lugar mais maravilhoso do mundo. Mas é necessário ter pessoas para transformar seu sonho em realidade.”

(Walt Disney)

UM BOM TIME É A CHAVE DO SUCESSO

CAPÍTULO 10 →

Quando percebi a importância de ter um time? Ao começar a me sentir cansado, trabalhando muito e sem obter o resultado que eu desejava. Uma das causas desse cansaço excessivo, dessa frustração em não ver o resultado proporcional ao esforço, foi a falta de um time – de um bom time.

Ao decidir abrir o primeiro salão, a Marcela ainda trabalhava como caixa no Bradesco, para onde ela ia após me deixar, às 8h, no salão. Eu não tinha funcionários, abria às 8h30, preparava um café, limpava o local rapidamente, dava uma ajeitada geral... Eu fazia as sobrancelhas, atendia ao telefone, recebia as pessoas (vendedores, entregadores, clientes que não estavam agendados), fazia os *posts* e pagava as contas. Muitas vezes, eu via que estava esgotado, mas achava que era um sacrifício necessário. Em nome de um bem maior, eu seguia em frente.

No entanto, eu tinha um ponto fraco: assim como Walt Disney, atrapalhava-me no aspecto financeiro, me enrolava com as contas, atrasava algumas e pagava outras em duplicidade. Uma vez, a Marcela teve de correr atrás de limpar meu nome por causa de uma conta de R$ 20,00 que eu havia me esquecido completamente de pagar.

O tempo foi passando e comecei a ficar doente, com imunidade baixa (até febre passei a ter). Eu pensava: *Estou no começo, é assim mesmo. Não tenho como pagar ninguém para me ajudar.* E continuei nessa toada. Um dia, eu reclamei para a Marcela: "Estou há muito tempo trabalhando demais e não consigo decolar". Ela comentou: "Acho que sei o motivo. Você está se dedicando demais a fazer coisas que não deveria, e falta capricho no que é importante. Você não está dando seu melhor justamente por estar cansado. Vai ter de abrir mão de algumas coisas".

Naquele momento, descobri que eu tinha outro problema: não gostava de delegar. Achava que não devia delegar aquilo que era minha especialidade – porque ninguém ia fazer tão bem quanto eu,

Mas se eu pudesse voltar atrás e corrigir um erro na minha trajetória, seria este: eu teria delegado muito antes e muito mais.

com a mesma dedicação, empenho e amor. Isso era o que eu achava.

Minha esposa, vendo essa minha dificuldade, me alertou: "Alan, você vai se cansar, vai se estressar e não vai arrumar a solução, porque quem tem de fazer isso é uma equipe". "Mas nós não temos dinheiro!", retruquei. "Então, vou pedir as contas no banco e cuidarei para você da parte contábil, administrativa e operacional, das vendas, de toda a burocracia ." Até com a água e o café ela ia se preocupar. Eu focaria 100% na técnica.

Eu gostei muito da ideia e comecei a querer que ela viesse logo. Marcela também queria. Ao mesmo tempo, precisávamos do salário dela do banco. E esse dilema travou a vinda da minha esposa durante um ano. E eu passei a trabalhar cada dia mais, porque a clientela aumentava – assim como meu cansaço. Não sou de me arrepender do que fiz, e sim do que não fiz, mas se eu pudesse voltar atrás e corrigir um erro na minha trajetória, seria este: eu teria delegado muito antes e muito mais.

Marcela sentia muita dor no pé de tanto usar salto alto. Um dia, não aguentou e foi ao médico. Descobriu que teria de operar para tirar um pedaço do osso. Marcamos a cirurgia. Ela operou e ficou seis meses afastada do banco. Durante três meses, não podia nem colocar o pé no chão.

Morávamos num apartamento simples em um predinho de quatro andares, sem elevador, na vila Campos Sales, bairro de Jundiaí. Ela recebia o benefício do INSS, uma fração do salário dela... que já não era aquela maravilha. Para subir os quatro andares, oito lances de escada, eu a levava de cavalinho. A gente acordava, preparava o café, e eu a levava ao salão para que ela não ficasse sozinha o dia todo. A cirurgia foi planejada, mas não o que veio depois.

Ali no salão, ela começou a atender ao telefone, pagar as contas... tudo o que conseguia fazer presa às muletas que teria de usar durante todo o tempo de recuperação. Em dois meses, o faturamento dobrou. Eu só me preocupava em fazer as sobrancelhas. Marcela cuidava do administrativo e operacional – e foi quando pudemos dar nosso salto. Ela começou a vender meus cursos (antes, eu só havia dado cursos para pouquíssimas pessoas no apezinho). Nesse salão, cabiam quatro cadeiras – não era grande, mas já era bem maior que o apê.

Com a Marcela ao meu lado e com o negócio decolando, vi a importância de formar um time. A partir daí, passei a acreditar mais nas pessoas. Percebi que precisava de uma equipe para crescer ainda mais – não só no operacional, mas também na ampliação dos serviços do salão. Contratei uma cabeleireira (que está comigo até hoje), manicure, recepcionista... O time foi crescendo, a empresa foi crescendo, a marca foi crescendo. E olha que era um ano de crise, 2014.

A experiência me fez entender não só a importância da equipe, mas também da condução de todo o processo – recrutamento, seleção, treinamento, acompanhamento, aperfeiçoamento, suporte... Comecei a desenvolver as seguintes importâncias:

1. Foco naquilo que faz a roda da empresa girar.

Minha empresa rodava quando eu dava cursos; então, eu tinha de investir nisso, focar nisso, me preparar cada vez mais. Muitos empresários estão se lascando porque teimam em fazer aquilo que não têm de estar fazendo.

2. Recrutamento e seleção.

O primeiro ponto a ser analisado é a identificação do futuro colaborador com sua empresa. Se um candidato pesquisou a respeito de seu negócio e se identificou com ele, isso vai transparecer na entrevista. Desde cedo, aprendi a importância de ter ao meu lado uma pessoa otimista, motivada, identificada com meu propósito – mais até do que a capacidade técnica dela.

Lembro que uma vez entrevistei uma moça que disputava com outra uma vaga para designer. Esta última sabia fazer sobrancelha, a primeira não. A que dominava a técnica, porém, não tinha tanta conexão comigo, com meu propósito e com a empresa. A conexão comigo daquela que não tinha tanto preparo ficou clara na entrevista. Mesmo sem experiência de que eu precisava no segmento específico, achei muito mais fácil e produtivo ensinar a técnica para ela, que já vinha motivada, do que engajar a outra – que demonstrava técnica, mas não a mesma motivação. Contratei essa moça e ela está comigo até hoje. Não que dinheiro não seja importante, mas o que conta mesmo, no fim das contas, é essa conexão.

Como já contei, fui fazer um curso de liderança na Disney, em Orlando. Conversando com um gerente do Epcot Center, ele falou: "Nós fazemos de tudo para jogar um balde de água fria nas pessoas a fim de testar se elas vão desistir. Se não quiserem dar continuidade ao processo logo de cara, aqui não é lugar para elas. As que restam querem **mesmo** ficar".

O início do processo para seleção de funcionários da Disney é a chave de tudo. É longo, e um dos "truques" que descobri é o seguinte: o candidato é deixado esperando por muito tempo para que seu nível de paciência seja avaliado. Além disso, informações sobre o salário e os benefícios são, a princípio, um pouco nebulosas. O que lá é aplicado é o conceito de voluntário remunerado (tal qual o bilionário dono da Amazon, Jeff Bezos, faz). A pessoa é remunerada quase "por acaso", porque o principal pagamento é o prazer de estar ali, trabalhando e servindo. Se ela acorda todo dia pensando apenas no salário que vai receber uma vez por mês, acaba se cansando – ou, então, é facilmente seduzida por qualquer proposta um pouco melhor. Esse perfil é venenoso para o time, não transmite entusiasmo; pelo contrário, pode derrubar a motivação de todos e deixar você na mão a qualquer momento. O segredo é identificar o quanto antes – de preferência, já no processo de seleção. Como? Uma das perguntas é o que o candidato sabe a respeito de você e da empresa, bem como de sua vida, seus projetos, suas conquistas. As respostas dirão a você se a pessoa está participando do processo seletivo pelo salário ou se de fato sua empresa é o que faz sentido para ela.

A pessoa é remunerada quase "por acaso", porque o principal pagamento é o prazer de estar ali, trabalhando e servindo.

3. Alinhamento de expectativas (o combinado não é caro).

Quando a pessoa cai para dentro da empresa, é muito importante deixar claro, no papel, as obrigações, tanto as dela quanto as suas. Por mais que você não tenha know-how para gerar contratos, pelo menos registre alguns pontos fundamentais, como horário, salário, o que ela tem de entregar, se terá bônus, aumentos programados, entre outros. Assim, nenhum dos lados será surpreendido. Se você quer ter um negócio sólido, não pode ser amador. Não tenha vergonha de deixar tudo preto no branco, mesmo que esteja contratando um amigo, ainda que seja um trabalho temporário. Direitos e deveres muito claros.

4. Treinamento.

Tenha sempre em mente: aquilo que seu futuro funcionário tem de fazer, você faz para ele ver. Na sequência, ele faz e você monitora. Aos poucos, vá se afastando, mas continue monitorando até o momento em que o colaborador só precisará prestar relatórios a você.

Independentemente do cargo, é interessante a pessoa ter uma bonificação – nem precisa ser financeira. Pode ser uma folga, um passeio, um jantar. Ninguém pode ter limites para ganho, todos têm de fazer a empresa crescer (e crescer com ela). Para buscar esses benefícios, esse crescimento, essa bonificação, é preciso estipular metas. O ser humano é movido por metas: uma mínima, uma média e uma máxima. Com essa régua, você começa a identificar na equipe quem merece promoção, bônus e outros agrados, sem os quais não tem por que se esforçar além do mínimo necessário, com o piloto automático acionado.

No recrutamento e seleção, a gente identifica uma característica ou outra, mas não todas. É uma escolha mais ou menos no escuro. No dia a dia é que acontecem o verdadeiro conhecimento, o verdadeiro namoro, as verdadeiras descobertas. E essa pessoa pode se tornar um treinador, um multiplicador. Ainda bem, porque aí é outra função importante que você delega ao time; assim, retoma o foco naquilo que faz a roda girar.

5. Maçãs boas e maçãs podres.

Mantenha perto de você colaboradores que têm expectativas altas nos projetos e nos resultados da empresa, que têm fé de que negócio pode e vai chegar a lugares aonde nunca esteve antes. Às vezes, você não precisa de ideias geniais e planos mirabolantes, mas de pessoas que digam: "Vai, que dá".

Meu sonho é encontrar cada vez mais colaboradores que desafiam os limites e, assim, puxam todo mundo – inclusive eu – para cima. Por outro lado, quando identificar um colaborador com pensamentos de frieza e escassez ("Vamos ficar mais pé no chão para não correr riscos"; "Não mexe no que está dando certo"), eu tenho com ele uma conversa particular para entender o que essa pessoa está passando e eliminar essa atitude, dando um banho de ânimo nela.

Todo mundo passa por fases ruins na vida. Elas precisam ser ouvidas e compreendidas. No entanto, esse estado de espírito não pode ser eterno, porque isso reflete no ambiente da empresa e vai contaminar o time com o vírus da crise. Se depois de várias tentativas a cabeça do colaborador não trocar o "não vai dar certo" pelo "vamos arrebentar, u-hu!", não resta alternativa a não ser substituí-lo, infelizmente. Pense sempre no bem maior, no bem da empresa e dos demais colaboradores. Seja amoroso, atencioso, mas não seja trouxa.

Sempre que identificar alguém que se dedica, que espalha otimismo e entusiasmo, invista nele, premie, faça os colegas em volta quererem ser assim também. Ele se sentirá valorizado e o resto do time saberá que você é um líder justo, que sabe recompensar o esforço, o talento e o mérito. Todos ao seu redor vão ver sentido em vestir a camisa e se doar para a empresa, para o time. Sempre atrás da vitória, com sangue nos olhos!

6. Eles não são você.

Por mais que o time vista a camisa e todos joguem por todos, existe um limite. Eles não são os donos, não são você – se fossem, teriam a própria empresa para tocar. Quando cobrar um resultado de um colaborador, primeiro lembre-se de que ele deve saber exatamente o que precisa entregar, e você tem de saber como recompensá-lo por isso. É o velho "o combinado não é caro". Segundo: cada um tem sua vida, e ela deve ser respeitada. Você dizer que ficou ou ficaria a noite inteira trabalhando não faz sentido para quem não é dono ou sócio da sua empresa. Se quiser extrair o máximo de seu colaborador, vale muito mais a pena descobrir do que ele precisa e o que deseja – um curso, um carro, uma creche etc. –, entender como pode ajudá-lo a conquistar isso. A retribuição virá em dobro para você, muito mais do que exigir ou insinuar que ele trabalhe além do combinado. A palavra aqui é respeito.

7. Invista em gente.

Tão importante quanto investir nos equipamentos, nas instalações e no marketing da empresa é investir no capital humano. Não é fácil lidar com pessoas, eu sei e você sabe. No entanto, é o melhor caminho para a felicidade, para o sucesso. Repito: o segredo é alinhar os propósitos. Não precisa ter um time grande, mas, sonhando junto, ele será imbatível. Não sei o que seria de mim sem minha equipe. Não é papo de livro. É real.

"[...] Agora é hora de aprender.
É hora de mudar.
Se não for assim,
o caos vai permanecer.
E não vamos aguentar
isso por muito tempo.
Simplesmente, o tempo está
cada vez mais curto.
[...] Para mudar de vida e criar um
mundo nosso, devemos primeiro
entender as regras do jogo."

(Michael E. Gerber, *O mito do empreendedor*, publicado pela Editora Fundamento, em 2011)

O QUE APRENDI COM MEU FILHO (QUE AINDA NEM NASCEU)

CAPÍTULO 11 →

Podemos fazer cursos, planejar, empreender, ter ou não dinheiro. No entanto, sabe o que eu considero o mais importante de tudo? A fé, a nossa crença naquilo que realizamos e esperamos; isto é, o nosso propósito. Não é apenas sobre ter, mas sobre acreditar que algo é para nós.

Quando vendemos um produto, o que realmente está em jogo é o contexto, e não o conteúdo. Não estou incentivando ninguém a prestar um serviço ruim, mas já vi cabeleireiros e manicures não muito bem preparados, ou restaurantes cuja comida não é a melhor, mas que, mesmo assim, têm muitos fãs. É o todo que conta: o atendimento, o ambiente, as pessoas, as experiências que entregamos.

Se você está no começo da jornada e acredita nela, vai levantar, vestir a sua melhor roupa, o seu melhor sorriso, e chegar ao trabalho às 6h da manhã – e com alegria –, mesmo que nenhum cliente esteja te esperando. A lógica é primeiro ser, depois ter.

Vejo gente reclamando da falta de alunos ou clientes, mas que não se dispõe a oferecer trabalho gratuito em troca de, por exemplo, algumas fotos de divulgação, para que possa mostrar ao mundo o que faz – e que aquilo pode ser de grande valor a alguém. Quem só reclama quer primeiro ter para depois ser. É como dizer: "Primeiro eu emagreço; depois, começo a fazer dieta". Faz sentido? Não, né!

Felizmente, a maioria das pessoas que passaram e passam pelos meus cursos age de maneira oposta. Mesmo ainda sem domínio pleno da técnica, elas acreditam tanto em si mesmas e naquilo que estão oferecendo, sentem tanto amor e têm tanto entusiasmo, que o consumidor se encanta e passa a enxergar ali uma prioridade em sua vida. Com o tempo, experiência e segurança, aí ninguém segura...

Tenha em mente que você merece uma remuneração justa. Não queira cobrar pouco por seus produtos e serviços só porque está iniciando sua carreira. O consumidor não associa preço baixo a qualidade. O seu valor tem a ver com a entrega, na qual estão incluídos seu esforço, sua experiência (mesmo que ainda seja pouca), o ambiente, a localização, o café diferente que você pode servir...

Eu sei que, no começo, alguns clientes ficam com um pé atrás em relação a alguém sem muita prática. Eles não querem e não podem ter a sensação de ser cobaias de um aprendiz. Não me entenda mal. De maneira nenhuma o estou incentivando a mentir, mas também não precisa anunciar aos quatro ventos que acabou de abrir seu negócio. Evite dizer: "Desculpa qualquer coisa" e outras falas semelhantes. Pode ser que aquele seu concorrente antigo no mercado nem seja tão bom assim, e com certeza você é melhor do que pensa.

Está inseguro sobre quanto cobrar? Uma dica que sempre dou e que pode facilitar a sua vida é: procure na sua região os valores mínimo e máximo cobrados por serviços ou produtos iguais ao seu. Se obtiver uma variação entre R$ 1,00 e R$ 10,00, por exemplo, estipule o seu valor na casa dos R$ 7,00. Não é o máximo, já que falta um pouco mais de experiência a você, nem é a média (que seria de R$ 5,50) – e você pode ter certeza de que está mais bem preparado que a média.

E bora trabalhar, com atitude e autoconfiança. Pode ser que no início as coisas não evoluam da maneira que você deseja, mas não perca a fé.

Eu não sei o histórico de sua criação: se foi educado para ser uma águia ou se seus pais eram pessoas simples, como os meus. Ambos os cenários instalam em nós os seguintes pensamentos: *Eu mereço muito*; ou: *Eu não mereço nada. Aquilo não é para mim*. Além disso, algumas crenças religiosas associam uma boa condição financeira à falta de humildade e à soberba.

Se você pretende ser um empreendedor, chute todas as dúvidas para longe. Acredite que nasceu para brilhar e que é muito bom no que faz – um dos melhores na sua área. Mantenha sua régua lá no alto. Isso vai te fazer acordar mais cedo, dormir mais tarde, estudar mais, investir mais – sempre entusiasmado. E tenha expectativas altas para poder dar o seu melhor. O seu cliente perceberá que você deu o máximo e o seu produto, como consequência, terá muito mais valor.

Sempre acreditei em um triângulo de desenvolvimento como pessoa e como profissional: técnica + saúde emocional + saúde espiritual. Explico.

Precisamos, sem dúvida alguma, nos preparar tecnicamente para o que vamos vender. Isso é nossa expertise. Veja o meu exemplo. Faço-me as seguintes perguntas: "No papel de treinador, como eu vou me desenvolver para executar o meu trabalho da melhor forma? Quais técnicas devo utilizar? Como farei para que meu aluno entenda mais? Como posso melhorar o ambiente da sala de aula? Quais equipamentos e materiais tenho de comprar? Como me desenvolver na execução do meu serviço e dentro de tudo o que a ele se relaciona?".

Cuidar de nossa saúde emocional também é muito importante. Quando vencemos as armadilhas da mente, nós nos fortalecemos em todas as outras áreas da nossa vida, como já conversamos até aqui.

Nós também temos de dar atenção à nossa saúde espiritual. Por favor, leitor, não me entenda mal. O que eu digo aqui não tem a ver com igrejas nem com religião. Eu me refiro a uma conexão entre nós e algo que está além disso.

Na maioria das vezes, o cenário que encontramos quando planejamos empreender não é favorável. Nem todos dispõem do dinheiro de que gostariam ou daquilo que acham necessário para poder começar; por isso, também acredito ser essencial confiar no espiritual. Quando faço algo cuja finalidade não é só o meu benefício, mas o de outras pessoas, entendo que tenho uma ajuda do divino, do imponderável.

Vou ser mais claro: podemos nos conectar com Deus como nos conectamos a um computador, por meio de um login e uma senha. Fui aprendendo que precisamos disso também. Por um tempo, achei que a senha era "necessidade": ***Estou necessitando, então Deus vai suprir minhas carências***. No entanto, não é assim. Por acreditar, dou um passo, e com esse passo demonstro minha fé.

Cuidar de nossa saúde emocional também é muito importante. Quando vencemos as armadilhas da mente, nós nos fortalecemos em todas as outras áreas da nossa vida.

Sempre criei desafios com Deus. Nunca gostei de tê-Lo como um quadro em casa ou uma Bíblia aberta no Salmo 23. Para mim, Ele é mais que isso.

Passei por altos e baixos na minha vida de empreendedor. Percebi que em alguns momentos precisei muito mais acreditar do que de fato ter expertise. A minha fé, então, era uma ferramenta essencial. Se sei que é importante, preciso desenvolver, levar para outro nível. Crer, portanto, não tem nada a ver com o que falo, mas a maneira como eu me comporto.

E é neste ponto que vou contar a você a história do meu filho, que dá título a este último capítulo. Tenho nove anos de casado e, no momento em que escrevo esta frase, minha esposa está grávida de oito meses de nossa primeira criança. Seu nome é João Pedro, com quem tenho vivido uma lição incrível e desafiadora, mesmo ainda não o conhecendo.

Em um domingo comum, nas minhas orações, que são simplesmente diálogos com Deus, eu disse que queria viver coisas novas, experiências e milagres. Mostrei-me satisfeito com o que tinha, mas deixei claro que não fazia sentido tocar a vida sempre no mesmo patamar.

A minha humilde interpretação é a de que Deus, se criou o homem, o fez com o único intuito de se relacionar conosco. E entendo relacionamento como intimidade. Nós criamos intimidade com pessoas com quem conversamos e às vezes nos aborrecemos, e que acabam tendo importância em nossa vida. É assim a minha relação com Deus.

Na segunda-feira pela manhã, minha esposa sairia para realizar um ultrassom morfológico. Eu fui junto. Ela já estava no fim do sexto mês. Ansiávamos por ver o rostinho do bebê, porque esse tipo de exame se propõe a mostrar os detalhes do feto com mais nitidez.

Lá, fui avisado de que não poderia filmar o procedimento com o meu celular. Marcela se deitou na maca e a médica chegou. Estávamos muito felizes, mas a imagem não nos revelou muito, pois ele ficava com a mãozinha na frente. "Deve ser tímido", brinquei.

Foi então que a médica ficou em silêncio, mexendo no aparelho de ultrassom. Perguntamos se algo havia acontecido e ela nos deu uma vaga resposta: "Estou olhando uma coisa". Ao se virar para nós, eu a achei meio pálida. E então ela disse: "Papai e mamãe, tenho uma notícia não tão boa, mas ao mesmo tempo é muito boa". Ficamos superpreocupados, pois somos pais de primeira viagem. "Pode falar, doutora", eu pedi. "Deem uma olhada nessa região no rim do seu filho. Veja toda essa área branca. Significa que ele tem inúmeros cistos. Não está passando líquido ali".

Permaneci sem nada dizer, até que pedi a ele que explicasse melhor. A médica revelou que existe a possibilidade de ele nascer sem aquele rim. Os olhos de Marcela, então, se encheram de lágrimas, e ouvimos: "Deus, porém, é muito bom com vocês, pois esse é o único problema que seu filho tem. E no corpo humano há dois rins. Hoje, existem muitos recursos para que uma pessoa viva tranquilamente com apenas um desses órgãos".

Quando o exame terminou, Marcela começou a chorar copiosamente, dizendo que estava pensando se a vida de nosso filho seria difícil. Olhei nos olhos dela e pedi a ela que ficasse em paz. Eu contei que havia conversado com Deus no dia anterior sobre a oportunidade de viver experiências novas com Ele. Não que o Senhor precisasse me provar nada, porque isso não existe, mas expliquei a ela que, para mim, a conexão com o Pai é essa. E essa luta, portanto, não é dela, mas minha. Se você pede um milagre, precisa colocar sua fé em prática para que ele aconteça.

Marcela me disse que queria ir para casa, e não para a empresa, pois estava muito mal. Perguntei se podia pedir uma coisa: irmos ao trabalho. Ela falou que era mãe, que eu não sabia o que estava passando dentro dela. Respondi que ela tinha razão, porém tentei fazê-la enxergar que o que algumas pessoas podem entender como insensibilidade eu transfiro para o campo da fé (que considero 100% racional): "Ainda triste, ainda com você chorando, após tudo que acabamos de ouvir, vamos nos comportar como se já tivéssemos recebido o milagre. O primeiro exercício da fé é se comportar como se já tivesse recebido o que pediu". Minha esposa foi se acalmando, nós tomamos um suco e fomos trabalhar.

Chegamos em casa à noite e a Marcela me perguntou o que nós iríamos fazer. "Vou ser sincero", respondi. "Domingo agora eu encarei como se fosse um desafio. É como se eu falasse: 'Vamos pra cima, estou pronto'. Na primeira adversidade do desafio eu vou recuar? Vou falar que não é para mim? Vou lamentar? Isso é ter baixas expectativas. É muito fácil...".

Há quem aja assim com a própria empresa: cria todo o plano, mas, na hora de entrar em campo, não encara a dificuldade como uma forma de desenvolvê-la, e sim como uma maneira de pará-la. Pessoas de baixa expectativa dizem: "Isso não é para mim", e recuam. Por não saberem usar a dificuldade para se desenvolver, acabam perdendo o jogo.

Falei para ela que procuraríamos o melhor médico, mas teríamos de esperar um mês até o próximo exame. Nesses trinta dias, era comigo e com Deus. Minha esposa entendeu e não contou a ninguém, e assim os dias foram passando. Esse momento de dificuldade me aproximou dela, de Deus, do meu filho e da crença de que ia dar tudo certo.

Não é fácil passar por isso, mas, ao mesmo tempo, esse tipo de situação nos desenvolve como pessoa. Não entenda suas dificuldades empresariais como o fim da linha. É como se elas fossem uma vírgula: existe muita vida depois dela.

Comparo a fé a uma dieta. Se eu quiser seguir uma dieta, tenho de manter o foco para atingir resultados – e, portanto, tomar muito cuidado com o ambiente à minha volta. É preciso evitar alimentos, lugares e pessoas que me afastam da ideia de me alimentar de maneira saudável e procurar aquilo que me leva para mais perto do meu objetivo. Não faz sentido ir a uma pizzaria com a turma, porque isso me coloca numa zona de risco.

É claro que posso ir, mas a questão é: "Eu devo?". Quem definiu que ia emagrecer fui eu, e não os outros. Vou ficar reclamando para os meus amigos e familiares? Não há problema em estar acima do peso, mas em ficar insatisfeito com isso, não fazer nada para mudar e ainda reclamar. O problema, portanto, é quando isso se torna um problema para os outros.

Sobre o João, como aquele se tratava de um momento de fé, procurei pensar em cada próximo passo. Se eu tinha um possível encontro com uma pessoa negativa, o

Passei por altos e baixos na minha vida de empreendedor. Percebi que em alguns momentos precisei muito mais acreditar do que de fato ter expertise. A minha fé, então, era uma ferramenta essencial.

compromisso não fazia sentido para mim, portanto o cancelava. Minha mente precisava estar condicionada em um canal positivo; eu estava praticando algo muito delicado.

Certo dia, eu me conectei à minha conta da Netflix e comecei a assistir a uma série que gerava em mim um sentimento ruim, dramático. Mesmo sendo bem interessante e curiosa, optei por interrompê-la. Empreender é como ter fé: não existe "meia fé" ou "meio empreender". Quem não recebeu resultado na empresa não tem de culpar crise, destino, mercado ou política. O problema é da entrega mediana. Começamos, assim, a entender a diferença entre sabedoria e inteligência: esta última é conhecimento específico; a primeira é o todo.

Seja por falta de administração, sabedoria e conhecimento, seja por alguma falha estratégica, as pessoas desistem muito fácil.

O condicionamento da minha fé sobre a cura do João me levou a querer estar em um ambiente sensorial e de positividade, e aquilo começou a me proporcionar uma série de boas experiências. Quando se acredita em uma coisa, acredita-se em todas. Passei a crer que tudo daria certo. O perigo de não acreditar é que na nossa mente tudo mora em uma mesma caixinha – negativar algo negativa o restante; positivar algo, por sua vez, positiva tudo.

O tempo passou e eu estava muito conectado com minha esposa e com meu objetivo, até que chegou o momento de fazer o segundo ultrassom morfológico – um dos dias mais esperados da minha vida. Era como se eu estivesse me dedicando durante um mês para estudar para uma prova e fosse verificar se tinha ou não conquistado aquilo em que eu estava acreditando. Como havia irrompido em mim uma fé que eu nunca exercera antes, estava convicto de que naquele dia meu filho seria curado. Isso era óbvio.

Deus, porém, não é óbvio. Ele não usa nossas lógicas e não precisa da nossa ajuda. Não é necessário que eu seja bom para potencializar algo que Ele faz. A médica realizou o exame e, para minha surpresa, João não estava curado. Poderia, mais uma vez, receber aquilo como se fosse para mim, como algo pelo qual eu tive de passar, ou me revoltar com a situação.

Abro um parêntese aqui para fazer uma analogia com empresas que quebram. Seja por falta de administração, sabedoria e conhecimento, seja por alguma falha estratégica, as pessoas desistem muito fácil. Coloquei na minha mente que não haveria possibilidade em relação ao meu filho, a não ser a cura. E a fé é isto: não deixa espaço para a dúvida. Se eu precisasse de mais tempo para trabalhar nisso, tudo bem. Eu o faria.

O maior perigo é ter o conformismo na nossa mente e em nossos lábios. Se eu tivesse baixa expectativa, pensaria que somos privilegiados porque o problema dele é no rim – e, afinal, temos dois. Mas não. O que é positivo para mim é meu filho perfeito. Não aceito menos que isso.

A vida é sobre exercer governo (e isso é assumir posição), e não sobre dinheiro e status. Trata-se daquilo em que você acredita e em quem você crê. Não acordamos motivados todo dia; isso não é real.

Decidi escrever este livro como uma prova da minha fé, porque até a conclusão dele eu não recebi um diagnóstico em papel sobre a cura do João. No entanto, ela já existe no meu coração. Um documento não vai mudar nada. Não existe "mas": ou é ou não é. Estou correndo atrás disso para meu filho. Assim é a vida também.

Relacionar-se bem com a fé não significa deixar de passar por esses momentos críticos. Quer dizer vencê-los. Sei que já venci essa luta, e tenho a convicção de que meu filho vai conseguir viver com dois rins perfeitos. Algumas coisas que descrevemos para nós mesmos temos de ter como uma verdade absoluta. Um equilibrista não pode olhar para baixo porque cai. Se Deus é perfeito e tudo o que faz é perfeito, por que vou aceitar menos que isso? Se as pessoas têm empresas de sucesso, por que você vai aceitar menos que isso?

Faça o seu máximo e tenha fé. Comece tendo fé em você; depois, canalize essa fé em Deus, em algo maior.

A ponte entre nós e Deus não é construída com vitimismo ou com nossas necessidades, por maiores que sejam. Ela é feita daquilo que acreditamos que Ele vai fazer. Quando pedir algo, peça com fé, pois o milagre não depende de quem pede, mas de quem o concede.

Viva o extraordinário. Não deixe que ninguém te diga o contrário. Você merece.

Decidi escrever este livro
como uma prova da minha fé,
porque até a conclusão dele
eu não recebi um diagnóstico em
papel sobre a cura do João.
No entanto, ela já existe
no meu coração. Um documento
não vai mudar nada. Não existe
"mas": ou é ou não é.
Estou correndo atrás disso
para meu filho.
Assim é a vida também.

(Alan Spadone)

CONCLUSÃO

Não existem fórmulas feitas e perfeitas para empreender, não há uma receita infalível para o sucesso, não dá para garantir a felicidade nos seus novos negócios. O que existe é a certeza de que a vida é uma dádiva e que é muito curta – e você merece vivê-la da melhor forma possível!

Neste livro, minha missão é ajudar você a evitar os erros que eu cometi e compartilhar conhecimentos e atitudes que fizeram toda a diferença na minha jornada, que me levaram da dificuldade à realização profissional e financeira.

O importante é entender que você pode e deve fazer a sua parte.

Saboreie sua jornada e agradeça cada dia. Quando colocar a cabeça no travesseiro, considere que foi o fim de uma batalha vitoriosa. Não fique esperando algo que está lá na frente, algo que muitas vezes nem sabemos direito o que é e muito menos quando vai chegar. A felicidade está no processo. Está em cada decisão que tomamos, em cada escolha que fazemos, em cada ação rumo ao nosso propósito. A construção de nossa realização profissional será tanto mais sólida quanto mais alicerçada na segurança do estudo, do preparo e do conhecimento.

Nunca se esqueça de celebrar cada conquista, seja ela grande, seja ela pequena: um novo local de trabalho, um novo equipamento, um novo cliente, um aprendizado.

Não deixe o medo te dominar. Não temos tempo para ficar paralisados diante dos riscos. Os riscos são o acelerador do crescimento. Sem eles, estagnamos. Erre e faça dos erros seu aprendizado. Não se apavore com eles, corrija-os, busque o acerto, agradeça a lição aprendida e siga em frente.

Confie em Deus, confie em você. Não espere para ser feliz no ponto-final. Você terá desperdiçado a melhor parte da viagem.

Este livro foi impresso
pela gráfica Rettec
em papel Pólen Bold 70g
em janeiro de 2021.